Massimo Centini

EL ÁNGEL CAÍDO

A pesar de haber puesto el máximo cuidado en la redacción de esta obra, el autor o el editor no pueden en modo alguno responsabilizarse por las informaciones (fórmulas, recetas, técnicas, etc.) vertidas en el texto. Se aconseja, en el caso de problemas específicos —a menudo únicos— de cada lector en particular, que se consulte con una persona cualificada para obtener las informaciones más completas, más exactas y lo más actualizadas posible. EDITORIAL DE VECCHI, S. A. U.

© Editorial De Vecchi, S. A. 2018

© [2018] Confidential Concepts International Ltd., Ireland

Subsidiary company of Confidential Concepts Inc, USA

ISBN: 978-1-68325-795-0

El Código Penal vigente dispone: «Será castigado con la pena de prisión de seis meses a dos años o de multa de seis a veinticuatro meses quien, con ánimo de lucro y en perjuicio de tercero, reproduzca, plagie, distribuya o comunique públicamente, en todo o en parte, una obra literaria, artística o científica, o su transformación, interpretación o ejecución artística fijada en cualquier tipo de soporte o comunicada a través de cualquier medio, sin la autorización de los titulares de los correspondientes derechos de propiedad intelectual o de sus cesionarios. La misma pena se impondrá a quien intencionadamente importe, exporte o almacene ejemplares de dichas obras o producciones o ejecuciones sin la referida autorización». (Artículo 270)

INTRODUCCIÓN

Hablar del diablo siempre es arriesgado, dada la gran cantidad de datos que se poseen sobre este tema. Concretamente, existe el peligro de no lograr dar un cuadro general exhaustivo de los muchos temas que conforman la historia y la cultura del ángel caído.

Todas las formas de análisis de esta figura chocan con dos grandes problemas: el primero es de orden filológico, el segundo, psicológico.

Desde el primer punto de vista, el diablo es un tema sobre el cual los teólogos se interrogan desde hace mucho tiempo, proponiendo unas interpretaciones «cultas» de este ser, pero siempre acaban dando una visión muy alejada de la figura naïf que se tiene en nuestras tradiciones y en el imaginario colectivo.

Existe, por tanto, un contraste entre lo que los estudiosos de la religión definen como *diablo*, y lo que desde siempre acompaña a la representación que cada uno se hace de esta criatura.

El segundo aspecto es de carácter psicológico, ya que el diablo provoca en las personas, incluso entre los no creyentes, una especie de inquietud, una sensación que va más allá de la fe y de la religión misma.

El diablo se asocia a menudo con el mal, en el sentido amplio del término, sin ninguna precisión de carácter antropológico. Puede ser el señor de las sombras, con características que son de sobras conocidas por una vasta iconografía, pero también puede ser algo indefinido, muy presente en las muchas facetas de la existencia humana.

Por esta razón, entre voluntad de representación, casi un poco infantil, y profunda reflexión sobre la efectiva esencia del mal, la relación de la humanidad con el demonio está condicionada por un pesado velo de ambigüedad que, de hecho, es la prerrogativa específica de quien fue un ángel, convirtiéndose a continuación en el emblema de la parte oscura del hombre y de su historia.

Este libro intenta dibujar una breve historia del diablo, analizar las características más destacadas y las numerosas peculiaridades que lo vinculan a la experiencia humana. Las fuentes de referencia han sido los textos básicos de las religiones, las pistas halladas en documentos apócrifos, en la tradición popular, en las distintas manifestaciones del arte y de las crónicas. Con toda esa información útil se ha podido trazar el perfil de un «personaje» de la tradición religiosa que, mal que nos pese, continúa inquietándonos.

El mito de la caída

En el principio del mal está él: la criatura perfecta cuyo nombre antiguamente indicaba la estrella de la mañana.

Lucifer, portador de luz, se liga al mito de la caída del ser celeste y, de hecho, se define en la figura del diablo, que encuentra en el profeta Isaías (14, 12) una designación precisa:

> ¡Cómo has caído del cielo,
> astro de la mañana, hijo de la aurora!
> Como si te hubieras precipitado a tierra,
> tú que agredías a todas las naciones.

Luego fueron los Padres de la Iglesia los que acordaron este fragmento del Antiguo Testamento con el Evangelio de San Lucas, donde aparece un versículo en el que Jesucristo dice haber visto la caída del ángel rebelde: «Yo veía a Satanás precipitarse desde el cielo como un rayo» (Lucas 10, 18).

La referencia a Lucifer es también evidente en el Apocalipsis (12, 7-9), cuya imagen del ángel caído es empleada para representar una de las cuatro desgracias que se abalanzaron sobre los hombres; además, también es descrito en el Apocalipsis (8, 8-9):

> Como una enorme masa incandescente cayó al mar; la tercera parte del mar se convirtió en sangre, por lo que la tercera parte de los seres marinos dotados de vida murió, y la tercera parte de las embarcaciones pereció.

San Ambrosio, en el siglo IV, identificó a Lucifer con el gran dragón descrito en el Apocalipsis (12, 7-9), oficializando de este modo el símbolo de las tinieblas separadas de la luz en el momento de la creación del mundo.

La figura de Lucifer ha sido siempre objeto de reflexión, tanto por parte de los teólogos cristianos como hebreos y musulmanes. En general, su historia está marcada por algunos aspectos muy definidos:

- Lucifer (ángel supremo);
- rebelión contra Dios;
- caída con sus secuaces al Infierno;
- encadenamiento en el Infierno hasta el Juicio Final.

En algunas interpretaciones, Lucifer está transformado en un animal monstruoso. Sin embargo, no está claro si este aspecto se mantiene en el tiempo, o sólo es una semblanza que puede adoptar el ángel rebelde.

Tomás de Aquino (1221-1274), en las «Cuestiones» L-LXIV de la *Summa theologica*, ponía en evidencia el modo y los efectos de la rebelión de Lucifer y de los otros ángeles que entraron en conflicto con Dios:

- los demonios, cuando desearon ser iguales que Dios, cometieron pecado de orgullo;
- los demonios no son malvados por naturaleza, sino que se vuelven malvados por propia voluntad;
- la caída del demonio no fue simultánea con su creación, ya que, si hubiera sido así, la causa del mal sería atribuible a Dios;
- el demonio fue, en los orígenes, el ángel de más alta jerarquía;
- el número de ángeles caídos es menor que el de los que guardaron fidelidad a Dios;
- los demonios no conocen las verdades últimas;
- los demonios están totalmente entregados al mal;
- los demonios sufren penas que, sin embargo, no son de carácter sensible;
- los demonios tienen dos moradas: el Infierno, en donde torturan a los condenados, y el aire, en donde incitan a los hombres a cometer acciones malvadas.

La caída del dragón

Los Padres de la Iglesia compararon al ángel caído con el gran dragón apocalíptico; estos son los versos que han dado argumentos a los teólogos para defender tal reconstrucción, Apocalipsis (12, 7-9):

Y hubo guerra en el cielo. Miguel, con sus ángeles, luchó contra el dragón, que también luchó con sus ángeles; pero no se impusieron. Su lugar dejó de ser el cielo. El gran dragón fue expulsado, la serpiente antigua, aquel al que llaman diablo y Satanás, aquel que engaña a toda la Tierra, y con él se precipitaron también sus ángeles.

Lucha entre el Arcángel Gabriel y Lucifer (grabado de Alberto Durero)

Los ángeles malvados

Los expertos discuten todavía hoy acerca de la naturaleza de la culpa de aquel ángel que, cuando se volvió malvado, fue llamado diablo o Satanás.

A lo largo del tiempo se han planteado cuatro hipótesis, surgidas también fuera de la autoridad eclesiástica, pero en cualquier caso con el ánimo de proporcionar un significado a los motivos que indujeron a un ser, bueno y próximo a Dios, a rebelarse contra su propio creador.

Estas son las cuatro culpas posibles atribuidas a los ángeles:

- lujuria;
- desobediencia;
- orgullo;
- soberbia.

La idea del pecado sexual como origen del mal proviene de un texto apócrifo del Antiguo Testamento y, en parte, del libro del Génesis, que toma algunos de sus elementos. El texto apócrifo se titula «Libro de los vigilantes», y está contenido en el *Apocalipsis de Enoch*, que data del siglo II a. de C.

> Y ocurrió, desde que aumentaron los hijos de los hombres, que en aquel tiempo nacieron chicas de bello aspecto. Los ángeles, hijos del cielo, las vieron y se enamoraron de ellas, y se dijeron: venid, escojamos mujeres hijas de los hombres y hagámosles hijos [...]. Y cada uno escogió una, y se las llevaron a sus casas. Y se unieron con ellas y les enseñaron encantamientos y magias y les mostraron cómo cortar plantas y raíces. Y ellas quedaron embarazadas y dieron a luz gigantes, con una estatura de tres mil codos. Estos comieron todo el fruto del esfuerzo de los hombres hasta que los hombres ya no se pudieron sustentar. Entonces, los gigantes se giraron en su contra para comerse a los hombres. Y empezaron a pecar contra los pájaros, los animales, los reptiles, los peces, y a comerse entre ellos mismos su carne, y a beber su sangre. La tierra, entonces, acusó a los perversos. Y Azazel enseñó a los hombres a hacer espadas, cuchillos, escudos, corazas y les enseñó lo que, después de ellos y debido a su modo de obrar iba a ocurrir: brazaletes, adornos, a arreglarse las cejas, piedras, más de todas las piedras, preciosas y escogidas, todos los tintes y les mostró también el cambio del mundo. Y hubo muchas atrocidades y se fornicó mucho. Y cayeron en el error, y todos sus modos de vida se corrompieron.
> Amiziras instruyó a todos los encantadores y los cortadores de raíces. Amaros enseñó la solución de los encantamientos. Baraquiel instruyó a los astrólogos. Kokabiel enseñó todos los signos de los astros. Tamiel enseñó astrología y Asdariel enseñó el curso de la luna. Y, para la perdición de los hombres, los hombres gritaron y sus voces llegaron al cielo.

De estas pocas partes del «Libro de los vigilantes» hemos podido constatar que el contacto entre los ángeles y los hijos de los hombres da lugar a dos tipos de pecado, el primero relativo a la unión con las mujeres de la Tierra, que generan gigantes, unos seres monstruosos; y el segundo que concierne a las enseñanzas atribuidas a los ángeles que bajaron del cielo:

- encantamiento y magia;
- corte de plantas y raíces;
- producción de las armas;
- uso de joyas, adornos y cosméticos;
- astrología.

Por lo que nos enseña este apócrifo, todo parece indicar que la difusión del mal en la Tierra tuvo su origen en la unión de los ángeles con mujeres, un contacto a través del cual una serie de conocimientos —que aquí se consideran negativos— pasaron a ser patrimonio de la humanidad.

La hipótesis del pecado sexual como origen del mal está aceptada por muchos Padres de la Iglesia, por ejemplo Ambrosio, Ireneo de Lión, Clemente Alejandrino, Origen.

La tesis de la soberbia se apoya en otro texto apócrifo: *La vida de Adán y Eva*. En este texto, el ángel se niega a realizar un acto de adoración hacia Adán, quien, al haber sido creado a imagen de Dios, merece ser venerado.

Cabe destacar la singular analogía entre el episodio descrito en el apócrifo anterior y la caída de Iblis narrada en el Corán.

En el texto sagrado de los musulmanes (Sura XV, 28-40), el ángel Iblis se niega también a adorar a Adán, y entonces se transforma en un *yinn* (ser de fuego ardiente):

> Y luego decimos a los Ángeles: en verdad, Nosotros crearemos el hombre amasando arcilla seca con agua. Y cuando le hayamos dado forma, le insuflaremos Nuestro Espíritu. Entonces, él tendrá vida y vosotros tendréis que prosternaros ante él.
> Todos los Ángeles obedecieron y se prosternaron, menos Iblis, que se negó a cumplir Nuestra Voluntad.
> Y Dios le preguntó: Iblis, ¿por qué no quieres prosternarte como los demás?
> Y él respondió: ¡Me niego a rendir homenaje a uno que Tú has creado de la arcilla, del vil fango!
> Y entonces Dios gritó: ¡Fuera de aquí, malvado! ¡Aléjate de Mí! ¡Mi Maldición será tu sino hasta el Día del Juicio!
> Iblis nos preguntó: Dios Mío, ya que me has alejado de Ti y empujado al Camino del Error, yo haré parecer Bien lo que es Mal a los hombres, y los arrastraré a este camino, salvo aquellos que crean en Ti y realicen buenas obras.

Ildebardo de Mans, Pedro de Poitiers y otros Padres de la Iglesia vieron en el pecado del orgullo el origen de la caída de Lucifer.

El ángel que se convirtió en Satanás tuvo la osadía de querer ser como Dios, o por lo menos de ser considerado superior a todas las demás criaturas.

Según San Buenaventura (1217-1274), Lucifer era el ángel más bello de todos, y debido a su esplendor tuvo la pretensión de ser considerado dios de los otros ángeles. Estos, a su vez, habrían reconocido su superioridad, cegados por la posibilidad de llegar a ser, un día, parecidos a él.

La desobediencia y la soberbia son los pecados originarios de Lucifer que han encontrado más consenso en el cristianismo. Es una opinión muy recurrente en todos los tratados demonológicos de todos los tiempos.

Sustancialmente, como destacó Tomás de Aquino, un ángel se concedió el derecho de considerarse similar a Dios, e intentó obtener, sólo con la ayuda de las propias fuerzas, aquello que en realidad se podía tener mediante la gracia celeste.

El significado de Lucifer

Lucifer, del latín «portador de luz», es el nombre romano del planeta Venus o Estrella de la mañana. Lucifer, en la versión latina de la Biblia, se utiliza para traducir el término *phosphoros* de la versión griega. El término griego es la traducción del hebreo *hêlel* que encontramos en el Libro del profeta Isaías (14, 12).

En la traducción judaica, Hêlel es un demonio que está al mando de los Nephilim, los gigantes que encontramos en el libro del Génesis (6, 1-4). Estos gigantes lo devoraron todo en la Tierra, y después quisieron comerse a los hombres. En la tradición apócrifa, los ángeles Gabriel, Miguel y Uriel salvaron a los hombres del suplicio, haciéndose intermediarios con Dios, que castigó a los Nephilim.

El diablo como símbolo del mal

Muchas veces el diablo y el mal se consideran sinónimos. Sin embargo, el mal tiene muchas caras. El hecho de que el mal cambie como cambian las costumbres, no ayuda a aclarar el misterio.

El Antiguo Testamento recoge uno de los textos en los que el tema del mal se trata con gran atención.

Es el conocido Libro de Job.

El sufrimiento del inocente

El Libro de Job es una obra fundamental de la literatura sapiencial de Israel, escrita por un autor anónimo entre los siglos III y V a. de C., en donde el tema del dolor inocente se trata con una fuerza lírica notable.

El Libro se desarrolla en forma de diálogo poético, contenido entre un prólogo (capítulos 1-2) y un epílogo (capítulos 42, 7-17). El prólogo y el epílogo recuperan la tradición antigua del hombre honesto, bueno, religioso, rico y estimado, que cae en la desventura y se ve privado de sus hijos, de la salud y de sus bienes. Satanás está en el origen de sus males. Viendo la gran fe de Job, Satanás se dirige a Dios con una extraña sugerencia: «Tú has bendecido sus empresas y sus reses se multiplican en la región. Pero extiende tu mano y daña sus pertenencias, y verás como te maldice en la cara».

El Señor quiso demostrar que Job no maldeciría a su Dios; alterado por una profunda desesperación y desafiando la presunción de Satanás, aceptó poner a prueba al devoto Job.

Este último, pese a todo, sigue siendo fiel a Dios y no pierde el profundo amor que siente por la justicia, ni la fe en los designios divinos. Superada esta dura experiencia, Job recupera todo lo que había perdido.

Es indudable que el Libro de Job no ofrece al lector la clave definitiva para deshacer el enigma del sufrimiento del justo, sino que se limita a plantear como hipótesis de *supervivencia* (más espiritual que física) el recurso de la fidelidad a un valor (concretamente en Dios), que debe ser considerado un punto de referencia o, si se prefiere, una meta.

Job siente el deseo de encontrar a Dios, y esta búsqueda acaba siendo la clave de su resistencia al sufrimiento, que le permitirá superar muchas pruebas.

Esta búsqueda da origen a una pregunta muy actual, que incluso entra en contradicción con los dogmas bíblicos: ¿Quién es este Dios que permite el sufrimiento del justo? ¿Cuál debe ser la correcta relación del hombre con el cielo?

La justicia se diluye en el misterio de la vida, cuyas normas no pueden adecuarse a la razón humana, que inconscientemente interpreta el dolor como castigo, y no logra considerarlo una prueba a través de la cual la catarsis iniciática forma al hombre y lo hace progresar.

Para el laico, la actuación del Libro de Job no está tanto en la *moral*, o por lo menos no puede estar sólo allí, sino que debe buscarse en su desarrollo, en sus sugestiones, en el trazado de una narración en la que el hombre que sufre se detiene a observar la máquina de la existencia que se ha averiado y, por primera vez, mira su vida desde una perspectiva diferente, más cruda y angustiosamente terrible.

En el Libro, después de la descripción de bienestar y de la piedad de Job y el inicio de sus penurias, entran en escena los amigos. Cada uno de ellos se lamenta y manifiesta su propia opinión, que contrasta, sin embargo, con la visión de Job, más racional y menos enfática que la que proponen los otros.

El protagonista rechaza las ofertas de los interlocutores, sobre todo cuando se le hace caer en la cuenta de que sus sufrimientos son el castigo por las faltas cometidas. Los amigos acusan directamente a Job, afirmando que la providencia divina no comete errores y que toda reacción está determinada por una acción precedente. El protagonista no acepta esta interpretación, e intenta demostrar que Dios es indiferente al sufrimiento humano y quizás incluso impotente.

El hombre que sufre espera una respuesta de Dios, que hasta aquel momento es todo silencio.

El Libro de Job es una obra compleja que pone de relieve, en todas sus partes, el problema del sufrimiento del justo y de la prosperidad de los malvados.

La homogeneidad temática, según los exegetas, permite entrever la presencia de numerosas intervenciones secundarias, que han actuado en el texto sin alterar su estructura, pero con la intención de situarla cada vez más en armonía con el tema principal del Libro.

En general, se cree que esta obra es el fruto de una lenta pero progresiva adaptación, que encuentra su íncipit en la vida de un tal Job, no ya nuestro protagonista, sino un antiguo sabio que se describe en la mitología fenicia y se recupera en el Libro de Ezequiel (14, 12-14):

> Me llegó la palabra del Señor: hijo del hombre, si un pueblo peca contra mí cometiendo infidelidad, extenderé mi brazo contra él y le haré pedazos el bastón del pan; le mandaré el hambre y escindiré hombres y animales.
> Si allí estuvieran los tres famosos personajes, Noé, Daniel y Job, estos se salvarían por su justicia, oráculo de Dios, mi Señor.

Aunque con características literarias que tienden a que se le relacione con los *Diálogos* de Platón, el Libro de Job huye de cualquier clasificación y conserva su autonomía e independencia que, concretamente en la segunda parte, muestra una actitud ante lo divino comparable a la del Prometeo de Esquilo.

El autor del Libro de Job debe conocer también obras como el *Diálogo de un hombre atribulado con su buen amigo*, y el *Poema del justo paciente*, de procedencia mesopotámica. También cabe la posibilidad de contactos con la *Disputa de un hombre cansado de la vida con su alma* y las *Lamentaciones de un agricultor*, de tradición egipcia.

Por ejemplo, en el *Poema del justo paciente* el íncipit es significativo: «Quiero celebrar al Señor de la sabiduría», un inicio que se comenta claramente a la luz de la moral perseguida por el autor del Libro de Job, cuyo protagonista acepta su estado con paciencia, resignación y fe.

En el texto egipcio *Disputa de un hombre cansado de la vida con su alma*, se detecta una actitud que encontraremos en un corto periodo de la experiencia de Job: la invectiva del protagonista contra todo y contra todos, en particular la invocación de la propia muerte, interpretada como efecto liberatorio, como reajuste de una condición inicial de equilibrio y sobre todo de paz.

El texto, en toda su profundidad, pone de relieve el hecho de que el hombre es frágil, su existencia es un «soplo», una «hoja mecida por el viento». Toda la existencia está marcada por el peso que el hombre asigna a su propia experiencia terrenal, siendo «detestable y corrupto, que bebe la iniquidad como agua».

El sufrimiento invade la experiencia de los hombres y la existencia. Esta última se compara, con ligera ironía, a la vida militar cuando intervienen la enfermedad, la pobreza, la falsedad de los amigos, y entonces la muerte muestra su cara, colma justicia porque pone fin al dolor.

La solución final que devuelve el estatus a Job es, en cierta medida, anómala y contradictoria con la realidad, puesto que raramente en la vida el dolor termina definitivamente, y la felicidad es un don breve, una momentánea interrupción del sufrir.

Las dos caras del mal

El Libro de Job tiene la prerrogativa de demostrar que hay varios tipos de mal, y el que está en conexión con la esfera física puede ser la metáfora de los males interiores más grandes, los incurables.

> El manantial del mal no puede estar en Dios, y, sin embargo, no hay fuera de Dios otro manantial del ser y de la vida. Pero si el mal no puede tener su fuente en Dios, y si fuera de Dios, no hay otra fuente del ser, ¿cómo se explica el fenómeno del mal? ¿Cuál es la solución a este dilema?[1]

---

[1] BERDIAEFF, N., *Spirito e libertà*, Milán, 1947, pp. 237-239.

En el Génesis, el mal es introducido por la serpiente, que tienta e induce al pecado a Adán y Eva (grabado de Alberto Durero)

La pregunta de Berdiaeff es legítima, pero no tiene respuesta. La Biblia calla sobre este tema, y de algún modo este silencio puede ser interpretado.

En el Génesis (3, 1) el mal aparece como un exabrupto, sin ningún preámbulo, y quien lo introduce es la serpiente, «El más astuto de todos los animales que el Señor ha hecho», que lleva a los hombres a través de la ambigüedad del pecado. Así, el problema del mal entra en la historia: miles de páginas escritas por filósofos y teólogos, que ni tan siquiera han logrado enfocar el lenguaje.

El mal contrasta el bien: este es el axioma general del que se parte. Según Santo Tomás (1221-1274), el mal no es una realidad en sí, sino que indica la falta «de un bien debido», *Summa theologica* (I, q. 14-10).

Por lo tanto, el mal como ausencia de algo. Por ejemplo, falta de salud o de amor, que provocan desequilibrios capaces de alterar el curso de la existencia con una maniobra destructiva consentida por Dios, dicen los exegetas, pero no enviada para castigarnos.

Esto, naturalmente, no disipa nuestras incertidumbres ante el escándalo del mal que, si nos es enviado como *prueba*, provoca hondas ansiedades existenciales, y nos hace jadear a lo largo de la historia con la continua inquietud de saber si formamos parte activa de dicha historia.

Según la *Enciclopedia católica*, el mal físico se caracteriza por el incumplimiento del ser con respecto a su estructura y a su desarrollo natural. El mal viene dado por el impedimento de alcanzar la perfección debida, por la destrucción de su perfección, por las enfermedades y por la muerte, que es el mal supremo.

El mal moral, en cambio, reside en la deformación de la voluntad con respecto a la regla de actuar y, por tanto, consiste esencialmente en la ruptura del orden de la recta razón (pecado) con la consiguiente privación del fin último (pena).

En consecuencia, el mal es una anomalía de una realidad perfecta, que se expresa precisamente a través de la privación o la reducción de un estatus considerado bien, a través del cual se está seguro de poder vivir de una manera considerada óptima. Todo ello adquiere un sabor muy utópico que, en la continua búsqueda de la perfección (que se considera perdida con el pecado original), nos hace percibir más fuerte el peso del mal.

Hasta este punto hemos visto que el mal entra en la historia imponiéndose, y contamos con una indicación sobre su origen: el diablo. Dios permite que el hombre sea puesto a prueba por el mal, que se caracteriza por una división fundamental: el mal físico y el mal moral.

¿Por qué debe existir el mal si el creacionismo cristiano enseña que todo lo que Dios ha creado es en sí bueno (Génesis 1, 31), y que también el hombre en su principio fue dotado de una rectitud natural según los dictámenes de su razón?

Entonces, dicen los teólogos, el mal indicaría la existencia de una *situación de defecto* debida a los hombres, y no a Dios.

El mal sería el fruto de un abuso de la libertad, como lo fue para Adán y Eva.

La religión del profeta iraní Zaratustra es quizás el primer intento por dar un sentido a la presencia del mal físico y moral en el mundo. La idea central de esta concepción se basa en la conciencia de que la realidad es el escenario de una lucha de dimensiones cósmicas entre el bien y el mal, entre el principio de la luz y el de las tinieblas.

La visión dualista aparece en la historia con Empédocles, un presocrático del siglo V, que concibe la realidad como un inmenso proceso de atracción y de separación animado por dos fuerzas opuestas: el amor y la discordia.

Esta visión será más explícita en Platón, el cual puntualizará que Dios no es el origen de todo, sino solamente de una pequeña parte de las cosas que le ocurren al hombre: los bienes deben considerarse efecto divino, mientras que para los males habría que buscar otra causa.

Platón se relaciona con la interpretación gnóstica, que ve en Dios sólo la fuente de los bienes y no le atribuye ningún mal. Todo el mal se puede adscribir a un eón intermedio caído, el Demiurgo, creador del mundo y, por tanto, regulador de las cosas materiales.

En este sentido, el pensamiento gnóstico se mueve en un fondo dominado por el fatalismo, en el que el mal no aparece originado por una culpa o por el dominio del libre arbitrio, sino por un dualismo metafísico entre espíritu y materia.

La visión zoroastriana-gnóstica, mucho más próxima a nuestro modo de pensar de lo que imaginamos, encuentra su apoteosis en la filosofía maniquea, difundida por un persa, Mani, que vivió en el siglo III, y se presentó como un apóstol de Jesucristo enviado entre los hombres.

En este caso, la luz y las tinieblas también se contraponen. En la lucha eterna están involucrados los hombres, y también las plantas, los animales y las cosas, que pueden contener en su interior almas de un nivel inferior de purificación. La redención consiste en un proceso que se completa y conduce a la liberación y a la luz, junto al Padre de la Grandeza. En el inicio del octavo tratado de la primera Enéada, Plotino (205-270) observa en su texto *De la esencia y del origen del mal* (VIII, I):

> Aquellos que buscan de dónde vienen los males, tanto los que afligen a los seres en general como a una categoría particular de seres, harían bien en iniciar su búsqueda preguntándose, antes que nada, qué es el mal y cuál es su naturaleza. De este modo se sabría de dónde viene el mal, sobre qué se funda, a quién puede afectar, y se llegaría a un acuerdo total sobre el problema por saber si este está en los seres.

Plotino tiene razón, ya que sólo conociendo el objeto de una búsqueda se puede hacer crecer nuestro saber y, a continuación, determinar los instrumentos y los medios para llegar a identificar las motivaciones que están en el origen de la existencia del mal.

En la concepción cristiana no hay indicio alguno de dualismo, porque los demonios también son criaturas de Dios, que se han convertido en malvados por elección propia. La lucha entre el bien y el mal no se presenta como una confrontación externa entre dos entidades diferentes, sino que se lleva a cabo dentro de una realidad común creada por Dios para los hombres. Según el *Libro de las crónicas* (1, 8, 6), el mal cayó al mundo por mediación de los ángeles rebeldes.

Orígenes (185-253) destaca que si Dios no elimina el mal que hacen algunos es porque sabe que de ello resultará un bien para otros. Si Dios es responsable de todo, incluso del mal, entonces podríamos pensar que Dios no es bueno. Por el contrario, si el mal fuera externo a él —hecho que contrasta con la teología cristiana— entonces Dios no sería absoluto y otra entidad estaría operando contra Él, oponiéndose al proyecto positivo del bien.

Los intentos de resolver la *vexata quaestio* han sido objeto de estudio de teólogos y filósofos. San Basilio (330-379), en el sermón *Dios no es el autor del mal*, concreta:

> No caigas en el error de suponer que Dios es la causa de la existencia del mal, ni imagines que el mal tiene una existencia propia. La perversidad no subsiste como algo vivo. Nunca se podrá poner delante de los ojos su sustancia como algo que realmente exista. Porque el mal es privación del bien.

San Ambrosio (entre 330 y 340-397) lleva al extremo el concepto de falta en *De Isaac et anima* (7, 60-61):

> ¿Qué es el mal, sino la falta del bien, *boni indigentia*? Los males provienen de los bienes; sólo son malos los seres privados de bienes, *quae privantur bonis*. Y además, por la comparación, los males resaltan los bienes. El mal, por tanto, es la falta de un bien; se capta definiendo el bien; es la ciencia del bien lo que hace distinguir el mal. Dios es el autor de todos los bienes, y todo lo que existe viene sin duda alguna de Él. En Él no hay ningún mal; y mientras nuestro espíritu permanece en Él ignora el mal. Pero el alma no permanece en Dios, es autora de sus propios males: por esto peca.

El discurso se complica en las puntualizaciones de San Basilio, *Homilías sobre el hexamerón* (2, 4):

> Si entonces —objeta— el mal no está generado y si no proviene de Dios, ¿de dónde saca su naturaleza? Por otra parte, nadie que participe en la vida negará que en realidad los males existen. ¿Qué se puede responder? Que el mal no es un ser vivo y animado, sino una disposición del alma contraria a la virtud que deriva de un apático abandono del bien. No busquemos el mal fuera, no imaginemos una naturaleza primitiva y perversa; a cada cual le corresponde reconocerse autor de la maldad que hay en él [...]. La enfermedad, la pobreza, la privación de los honores, la muerte y todo lo doloroso que ocurre a los hombres no debe contarse en modo alguno entre los males verdaderos, ya que no contamos sus contrarios como los más grandes bienes; algunas de estas pruebas tienen su origen en la naturaleza, otras no aparecen privadas de ventajas para quienes las sufren.

De las palabras de San Basilio constatamos que hay varios niveles de mal. El sufrimiento físico se encuentra en un plano inferior que el sufrimiento del pecado, al cual no parece ligado, como, de hecho, lo está hoy, de la manera que quiera verse, especialmente desde el punto de vista laico.

Pongamos por ejemplo los virus: si se tienen en un caldo de cultivo debidamente preparado, son un testimonio extraordinario de los mecanismos de la naturaleza y del milagro de la vida, y, por tanto, son la expresión de una forma positiva.

Pero si estos mismos virus entran en contacto con el hombre pueden causar enfermedades terribles, mortales, con capacidad para diezmar la población de la Tierra, y desde este punto de vista se convierten en imagen muy evidente de la negatividad.

Lo mismo ocurre en la esfera moral: una declaración honesta puede contribuir al triunfo de la justicia y, por tanto, es un acto positivo. Pero si el testimonio se altera, entonces puede producir injusticia y aniquilación de la verdad.

El mal, pues, sustituye a la normalidad del bien, infringe el *iter* normal, es una entidad privativa.

El dolor aparece como una realidad cruel que se manifiesta a través de la perversión y se configura en dos elementos: el conocimiento y la consiguiente conciencia de la carencia de un bien que existía previamente.

Pero, volvamos a la angustiosa pregunta de Job: «Dios, ¿por qué?».

¿Qué es lo que induce a Dios a permitir el mal? ¿Por qué afecta a un hombre y no a otro? Con toda seguridad, la mayor conquista del hombre sería entender el entramado de un designio cósmico, que nos afecta cada día con sus torbellinos oscuros e impenetrables.

La teología no advierte que el mal viene del demonio, y Dios, igual que un padre convencido del valor de sus hijos, no detiene el poder del maligno, sino que permite la prueba, seguro de la fuerza del hombre. Sin embargo, podemos preguntarnos, con el riesgo de ser considerados nihilistas, ¿esta fuerza la poseemos realmente? ¿O bien, a veces el escándalo del mal es demasiado fuerte, violento e injusto para ser soportado?

La figura de Job y su renegar de la vida invocando la muerte es totalmente comprensible. El mal que todos sufren, de una manera u otra, permite ver en Job el símbolo de toda la humanidad ante aquel dolor que ninguna filosofía es capaz de atenuar.

Ciertamente, sí que existen motivos para quedar desorientados si, por ejemplo, leemos o escuchamos las palabras de la Biblia (Isaías 45, 7): «Yo formo la luz y creo las tinieblas, hago el bienestar y provoco la demencia, yo, el Señor, hago todo esto».

En la especificación «provoco la demencia» hay una gran contradicción, porque provocar o consentir tienen significados muy diferentes. Pero la exegesis cristiana, pese a tener en la *Vulgata* una afirmación perentoria *(creans malus)*, niega que Dios sea el autor del mal.

¿Dios permite el mal?

Dios permite a Satanás poner el hombre a prueba. En el Libro de Job le deja un amplio margen de actuación: «Pues bien, todo lo que es suyo [de Job, N. del A.] está en tu poder»; se trata de una afirmación importante porque permite valorar el peso del poder del diablo.

Dios permite el mal de la materia y el mal del alma, pero no lo crea ni lo causa, afirman los teólogos. Por tanto, en el universo creado por Dios la privación no fue eliminada, sino admitida y contemplada. Cada cosa está en su lugar, cada criatura, obra y suceso contribuiría en la armonía general, demostrando así que el mal también tiene un papel, una localización precisa.

Para Plotino, en *De Providentia* (I, 17), la razón universal es una, pero no está dividida en partes iguales:

> Como en la flauta de Pan o en otros instrumentos, hay tubos de distinta longitud; y cada uno en su lugar da el sonido acorde con su posición concreta y con el conjunto de las otras. La maldad de las almas tiene su lugar en la belleza del universo. Lo que para ellas es contrario a la naturaleza, para el universo sí es conforme. El sonido es más débil, pero no disminuye la belleza del universo.

Una metáfora que viene, una vez más, a justificar el mal, describiéndolo como una presencia fundamental dentro del mecanismo cósmico, en el que lleva a cabo un papel preciso.

Pese a no tender al mal desde el principio, Dios lo conoce y confía en la sabiduría de los hombres. También es consciente del mal en la naturaleza, pero, recurriendo nuevamente a la teología, descubrimos que: «Dios no ha hecho la muerte y no siente ninguna alegría por la pérdida de vivos», *Sapiencia* (1, 13).

Un designio inescrutable involucra a todas las criaturas, marcadas desde el principio por una temporalidad atribuida a las culpas atávicas de los predecesores.

Todo se relaciona con Dios: «Si cae la desventura en la ciudad, ¿no será el Señor quien la ha hecho?», se pregunta en la Biblia el profeta (Amos 3, 6), enlazando la cuestión con el poder de Dios, pero sin ofrecer ninguna indicación sobre las motivaciones que pueden haber determinado la «desventura en la ciudad».

El poder de Dios aparece regulado por un mecanismo que ya no tiene ningún parámetro antropológico, sino exclusivamente cósmico e impenetrable: «El Señor da muerte y da vida, manda a los infiernos y hace volver de ellos. Así, en el I Libro de Samuel (2, 6) se pone de relieve el poder de Dios que hace sentir al hombre todavía más frágil, si bien le da el bien de la esperanza.

En el versículo surge con evidencia la predominancia de la muerte (el Señor da la muerte). Se trata de una indicación de significado denso, en contradicción directa con la tradición islámica: «Es Dios quien hace reír y llorar, nacer y morir» (Corán, LIII 43, 44).

Santo Tomás, parafraseando a San Pablo, aclara que Dios «no permite que ocurra ningún daño a los hombres que al final obstaculice su salvación», *Carta a los romanos* (8, 28).

En su esencia, el mal no debe entenderse como un signo definitivo, como una caída de la que uno no se puede levantar, sino como un paso que no invalida el fin último para el hombre que persevera en el bien.

Naturalmente, todo ello aparece como una importante e inalienable verdad para el hombre de fe, pero es difícil de entender por todos aquellos que no tienen la certeza de los designios de Dios.

En un estadio intermedio podríamos colocar aquí a todos aquellos que, con una actitud a menudo ambigua, temen a Dios, y lo consideran una especie de «controlador» siempre atento para castigar a los que no respetan las reglas impuestas. Tal actitud, sin embargo, puede ser de difícil comprensión tanto para los que poseen fe, como para los que carecen de ella.

Esta tendencia provoca, además, la formación de la imagen de un Dios que da miedo, que puede ser autor de la destrucción y regulador del mal; un Dios similar a las divinidades paganas, alejadas de la armonía del *Verbo*.

Pero, ¿cuál es el sentido de un Dios que debe dar miedo?

No olvidemos que el dolor no se puede suprimir porque está connaturalizado con la naturaleza, y el mal no puede ser eliminado porque está connaturalizado con Dios.

En el Antiguo Testamento, la intervención de Dios ha bajado directamente a la historia, y por esto nos parece más fuerte, más violento, en pocas palabras, más humano. Distinta es la cuestión en el Nuevo Testamento, donde la presencia divina está siempre mediada por la figura histórica de Jesucristo.

Tengamos en cuenta que, cuando el psicoanálisis se une con la teología, existe la posibilidad —opinable según nuestro punto de vista— de imputar completamente a Dios el origen y el uso de la violencia, situándola así fuera de la responsabilidad humana y, en cierto modo, exorcizándola.

Un Dios según el cual: «Está bien lo que quiero», por fuerza debe ser un dios inventado por los hombres. Una creación que sugiere, entre líneas, «tener a Dios de su lado», para sentirse en lo justo otorgándose así el derecho a juzgar.

Ninguna civilización puede estar fundada en verdades relativas, sino que debe basarse necesariamente en valores absolutos, en los cuales pueda construir sus propias certezas. Cuando en el Éxodo (83, 19) encontramos un Dios que afirma: «Extenderé mi mano y alcanzaré Egipto con todos los prodigios», y luego vemos el efecto de las siete plagas devastadoras, no podemos no temer la ira divina. La mortandad infantil, una de las plagas que afecta incluso al hijo del faraón, sugiere un Dios tremendo y no misericordioso, un Dios alejado de los barroquismos del icono y que debe ser visto, cuando sea necesario, como un castigador.

A veces ocurre que nos sentimos como niños que, después de haber escuchado algunas de las narraciones de la Biblia o visto películas como *El príncipe de Egipto*, se preguntan: «Pero entonces, ¿Dios es malo?».

No, Dios permite que Satanás nos ponga a prueba. Hasta el final.

La historia del diablo

En el mundo antiguo había varias figuras que, por aspecto y carácter, pueden compararse a nuestro modelo de diablo. Son seres que han desempeñado papeles simbólicos importantes en las religiones del Próximo y Medio Oriente.

Sumerios y asirio-babilonios

En Sumeria, se hallan las expresiones más antiguas de una demonología y angelología que influenciaría a los asirio-babilonios, al mundo hebraico hasta el cristianismo. En la cultura de los sumerios, las criaturas demoniacas estaban asociadas a efectos concretos (enfermedades, fenómenos atmosféricos, etc.) y su papel era directamente negativo, comprensible por todos, incluso sin el apoyo de la interpretación teológica.

Humbaba, por ejemplo, estaba asociado a la tormenta del desierto: «Tiene una voz que es huracán, una boca que es fuego, un aliento que es muerte».

Frecuentemente, los demonios ocupaban un lugar privilegiado en el mundo de los difuntos: Namtaru vivía en A-ra-li, el reino de los muertos, dominado por Nergal y su esposa Non-ki-gal.

Los arqueólogos han realizado importantes hallazgos que nos ofrecen indicaciones puntuales sobre el papel de los demonios en la cultura asirio-babilónica, como por ejemplo los textos de los exorcismos utilizados para liberar a quien estaba poseído por seres malvados, cuyas características y obras eran afines a nuestra idea de diablo.

El demonio Pazuzu: alas, patas y garras son elementos que aparecen continuamente en la iconografía occidental en la representación del diablo

La figura más temida entre los antiguos del Próximo Oriente era el citado Nergal, cuyo nombre correspondía al «furioso señor de la ciudad grande». Por «ciudad grande» se entendía el Infierno, al que los asirio-babilonios daban otros nombres: «tierra inferior» *(shaplitu)* o «tierra sin retorno» *(kur-un-gi-a)*.

Según la tradición, el temido Nergal bajaba a los infiernos en el solsticio de verano (el mes de *tammuz*, un periodo que correspondía a nuestros meses de junio y julio) y volvía a subir a finales del mes de *kislev* (entre noviembre y diciembre).

Con su grupo de demonios, Nergal traía enfermedades y epidemias a las gentes. Namtaru, por su lado, traía la peste.

Muy próxima al «Señor de la ciudad grande» tenemos a Ereshkigal, la «Señora del infierno», a quien se atribuía el papel de jueza de las almas de aquellos que entraban en el reino de las sombras.

Los demonios tenían acceso al mundo de los vivos a través de experiencias concretas: el mal que producían era de carácter físico, es decir, objetivo; faltaba, pues, la reflexión ontológica en el plano ético y moral. El mal no era objeto de profundización filosófica, sino de una toma de posición concreta a nivel mágico. La actividad contra los demonios se convertía así en una forma de exorcismo contra los trastornos y las enfermedades, que se creía eran causadas por su acción nefasta.

Una de las «criaturas infernales responsables de enfermedades» más temida era Sag-gig, que en sumerio se refería tanto a la jaqueca como al demonio culpable de que se manifestara tal molestia. El aspecto de este malvado debía ser terrorífico:

> Su cabeza es la de un demonio,
> su forma es la de un torbellino,
> su apariencia la de los cielos entenebrecidos,
> su rostro es oscuro como la profunda sombra del bosque.

Los exorcismos contra Sag-gig eran fórmulas mágicas. Veamos algunos efectos causados por el «demonio del dolor de cabeza»:

> Abate como una caña al hombre que no teme su dios,
> como tallo de *henné*, lo atraviesa desde la cabeza hasta los pies;
> acaba con los músculos de aquellos que no tienen una diosa protectora.
>
> El hombre que lo sufre no puede beber,
> ya no tiene más sueños agradables en su descanso,
> no es capaz de mover una extremidad.
>
> Es una enfermedad que maltrata los miembros como si fueran de arcilla,
> obtura los orificios de la nariz como polvo,
> rompe los dedos como cuerda tensada al viento,
> parte en dos el pecho como tallo de *henné*[2].

---

[2] THOMPSON, R. C., *The devils and evils spirits of Babylonia*, Londres, 1903, p. 86.

Contra Sag-gig se efectuaba una forma singular de exorcismo en la que se buscaba pasar el demonio a una hogaza, puesta por una mujer anciana en la cabeza del poseído, y hecha con zanahorias y varios tipos de harina de cereales.

Alfonso María Di Nola, un conocido estudioso de las religiones, destaca un hecho bastante importante que tiene cierto interés para comprender el papel que se adjudicaba al demonio del dolor de cabeza: «Es probable que muchos textos sumerios, cuando hacen referencia al dolor de cabeza, se refieran más que a la hemicránea o cefalea, a los fenómenos cerebroespinales que normalmente acompañan la insolación, frecuente en un país de temperaturas altas»[3].

Mayores eran los efectos causados por el malvado Namtaru, el demonio de la peste, de quien no se señalaba el aspecto y que tenía la prerrogativa de «devorar como el fuego y óxido, como el viento del desierto». Contra esta criatura se evocaba a Marduk, una de las divinidades principales del panteón asirio:

Ve, Marduk, hijo mío.
Recoge un trozo de arcilla en el foso,
moldea una figurita a imagen del cuerpo del enfermo,
ponla en los riñones del enfermo de noche,
encárgate, cuando sea el alba, de purificar su cuerpo,
recita el encantamiento de Eridu,
gira el rostro de él hacia Occidente,
para que el maligno Namtaru, caído sobre el enfermo, abandone su presa.

Ashakku era portador de una misteriosa enfermedad infecciosa de la que se desconoce el nombre: lo cierto es que afectaba indistintamente a hombres y animales. Quien sufría los influjos de Ashakku estaba casi siempre condenado.

Los poderes de Lamashtu estaban muy especializados, y afectaban a mujeres grávidas con fiebres muy altas que las obligaban a abortar. En la tradición popular, las formas mágico-demoniacas consideradas artífices de la interrupción de la gestación, o que minaban la salud de los recién nacidos, eran muchas, y todavía perviven en la cultura campesina occidental. Las prácticas para defenderse de los ataques mágico-demoniacos contra la fertilidad se difundieron ampliamente, sobre todo a raíz de la gran cantidad de riesgos naturales que comportaba el parto.

La transferencia de aquellos riesgos del plano natural al simbólico producía, a nivel psicológico, la conciencia de poseer medios para construir alguna forma de protección y, por tanto, de intervención contra los efectos naturales, que se creía, en cambio, que estaban determinados por la acción mágica de demonios y hechiceras.

También era muy temido en Mesopotamia el demonio Pazuzu, cuyo aspecto, con grandes alas, patas y garras, condicionó profundamente la iconografía del diablo occidental.

---

[3] Di Nola, A., *Il diavolo*, Roma, 1987, p. 136.

Lilith: el demonio nocturno

Del universo de ultratumba mesopotámico nos llega Lilith, que luego, como veremos, entró a formar parte del mundo mítico hebraico, y se considera especialmente peligrosa para los recién nacidos.

En el Próximo Oriente se conocía como Lilu, que con su sierva Ardat Lili, criatura de la noche súcuba y lujuriosa, era considerada expresión del pecado sexual:

> Estos demonios alteraban el orden fisiológico del amor, que es fundamento de la vida familiar y comunitaria, y por esta razón concreta Ardat Lili es una virgen sin leche, una mujer que se une sin poder llegar a ser madre nunca, y que, después de haber encendido en el hombre la lujuria, no lo satisface[4].

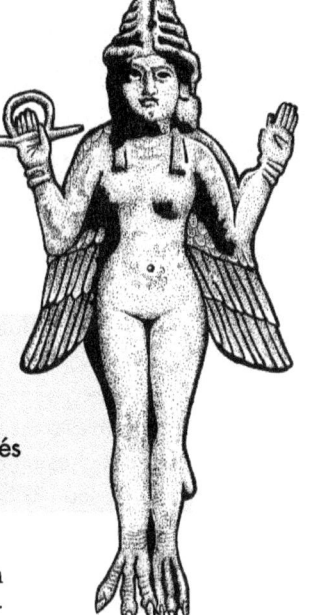

Representación de Lilith, criatura de ultratumba, símbolo de lujuria

La diosa asiria-babilonia Ishtar se servía de un demonio, en forma de bella prostituida, llamada Lilitu, que era la encarnación de la lascivia. Además, Lilitu estaba asociada a algunos animales, especialmente a la pantera. En la cultura sumeria: «Lilu, Lilitu y Ardat Lili son, quizás, el origen de representaciones del viento y del huracán, pero, debido a su semitización, representan el placer infecundo y lujurioso»[5].

Con las pocas indicaciones veterotestamentarias encajan las múltiples tradiciones que hacen de Lilith un ser fantástico, atribuible al imaginario popular, una especie de demonio nocturno situado entre las ruinas y en los cementerios.

Egipcios

El mundo de las divinidades egipcias era muy complejo, pero, al mismo tiempo, estaba regulado por una especie de armoniosa unidad, capaz de convertir este «otro» universo paralelo tanto al del hombre simple como al del faraón o del sacerdote.

En este mundo convivían divinidades veneradas en todo el país con otras menores, que desempeñaban funciones específicas.

Téngase en cuenta que la cultura religiosa egipcia estuvo marcada por dos periodos importantes, diferentes y sucesivos. El primero estaba ligado al mundo de los nómadas y de los cazadores, al que se remontan las muchas divinidades asociadas a los animales, domésticos y salvajes. El segundo, más amplio, que carac-

---

[4] FURLAN, G., *Religione babilonese-assira*, Roma, 1976, p. 9.
[5] PETOIA, E., *Vampiri e lupi*, Roma, 1991, p. 38.

terizó el periodo en que se fue afirmando la civilización agrícola. En esta etapa se veneraban divinidades que se consideraban la expresión de los elementos naturales, de la Tierra, del Cielo, de la Luna, etc.

> La lucha entre el bien y el mal, que corresponde a oposiciones concretas de figuras divinas, aparece varias veces en la religión egipcia. Uno de los dioses del universo es Horus, el «lejano», porque está alejado de los otros dioses, tiene forma de halcón o cabeza de halcón, y su opositor es Apofis. Lucha contra las fuerzas hostiles que tienden a destruir el orden cósmico fundado en el calor y en la luz. Por esto aleja las tormentas, la lluvia, el granizo, las heladas y derrota finalmente a Apofis.
> La emergencia de energías tenebrosas y destructoras aparece todavía más claramente en el mito de la lucha entre Osiris y Seth. Seth es el hermano de Osiris, y es un dios eminentemente guerrero. Se le representa de muchas maneras, con cabeza de pájaro, y está acompañado de animales (cocodrilo, cerdo negro, hipopótamo...), entre los que destaca el característico lobo salvaje, con largas orejas, una flecha en lugar de cola y un collar[6].

Un aspecto importante de la religión del antiguo Egipto era la importante afirmación de la zoolatría: el culto a los animales, que se consideran sagrados y están divinizados.

La religión egipcia se basaba en la idea de que cada una de las expresiones de la naturaleza era, de un modo u otro, una demostración divina y, como tal, merecía ser objeto de veneración, y se consideraba una presencia esencial en la vida de los seres humanos.

El complejo universo religioso de esta civilización estuvo, sin duda, condicionado por el peso que ejerció el culto a los muertos. Originariamente, este culto estaba reservado sólo a los faraones, que ostentaban el mismo rango que las divinidades. Sin embargo, posteriormente esta devoción se difundió también por las clases más bajas, hasta alcanzar todas las capas sociales.

También había divinidades egipcias que presentaban características demoniacas. En este sentido debemos recordar a la diosa Pakhet, con cabeza de leona, que según la tradición tenía su morada en el desierto y tenía el poder de provocar las tormentas. La diosa Sekhmet era parecida a Pakhet, y tenía la prerrogativa de generar odio entre los hombres y favorecer las guerras.

Los antiguos habitantes de Egipto utilizaban unas fórmulas exorcistas para alejar a los demonios, que desde el universo de las sombras intentaban penetrar en el mundo de los vivos.

Sobre ello encontramos indicaciones interesantes en el *Libro de los muertos,* una recopilación de textos funerarios que se llama así de forma incorrecta, ya

---

[6] Di Nola, A., *op. cit.*, p. 146.

que su verdadero nombre es *Libro para salir a la luz del día*. Este libro se basa en los *Textos de las pirámides* que, ampliados y retocados, fueron escritos en el Reino Medio y se introducían en el interior de los sarcófagos.

Normalmente, el *Libro para salir a la luz del día* se colocaba en un cofrecillo especialmente decorado con la estatua de Osiris; aunque algunos textos se colocaban también en el ataúd y entre las venas de la momia. Los arqueólogos han encontrado muchísimos, escritos en jeroglífico y demótico.

Generalmente eran recopilaciones de encantamientos, completadas con dibujos, cuya lectura tenía la función de favorecer el viaje hacia el más allá. Leía el texto un sacerdote siguiendo un procedimiento ritual muy preciso, cuyo objetivo era garantizar al difunto la «libertad de movimientos» en el mundo de los muertos y ayudarlo a procurarle «lo que era útil» en su casa eterna.

A diferencia de lo que se suele creer, estos textos no eran una especie de libro sagrado de los egipcios, como puedan ser la Biblia, el Corán o el Veda, con los que el único punto de contacto estaba constituido por la afirmación común de la inspiración divina. De hecho, el *Libro para salir a la luz del día*, introducido por un capítulo sobre «fórmulas para pronunciar el día del funeral, al llegar a la tumba y antes de marcharse», es una larga recopilación de prácticas e indicaciones, que en conjunto constituyen un importante testimonio para conocer el ilimitado universo mítico, antes del religioso, en la cultura de los antiguos egipcios. En el capítulo XXXI del *Libro de los muertos* aparece la siguiente fórmula de exorcismo:

> Ra te hace volver atrás, tú que eres odioso. Él golpea tu cabeza, afea tu rostro, divide tu cabeza en dos partes y la rompe sobre tu tierra, fracasa tus huesos, descuartiza tus miembros.
> Tú, Apofis, enemigo de Ra, has estado condenado por el dios Aker. ¡Retrocede, demonio, ante las flechas de su luz! Ra ha desafiado tus palabras, los dioses han girado hacia atrás tu rostro, el lince te ha desgarrado el pecho, el escorpión te ha encadenado, Maat ha decretado su destrucción. Los dioses del Sur y del Norte, de Occidente y de Oriente han puesto su cadena en él y lo han encadenado.

Ra, el enemigo del demonio serpiente Apofis, era la expresión divina del Sol y se representaba con rasgos humanos, pero con cabeza de rapaz, sobre la cual se elevaba un disco solar rodeado por una serpiente con la cabeza erguida, en actitud de estar dispuesta a abalanzarse sobre el adversario.

En la misma línea de la definición que lo caracterizaba, «aquel que está en su disco», a Ra también se le representaba sentado sobre el disco solar colocado en un barco que viajaba por el «océano del cielo». El sol Ra navegaba con dos barcas. La primera era Maandjet, la barca del día, que era generada por Nut por la mañana, en el horizonte oriental, y luego engullida por la boca de la diosa de la noche. Entonces, empezaba a través del largo cuerpo de Nut el viaje de Ra a bordo de la segunda barca, la nocturna, Masaktet.

Una tradición que consideraba al Sol y a la Luna hijos de Ra.

A partir de la IV y especialmente de la V dinastía, el culto de Ra se vinculó a la figura del faraón, llamado a partir del rey Kefrén «hijo de Ra», unión solar que los soberanos de Egipto conservaron en sus títulos hasta el final de la civilización del Nilo.

En honor de esta divinidad se realizaron muchos monumentos, que tuvieron como particularidad, a diferencia de otros templos, un obelisco cerca del altar, quizá símbolo del rayo solar. La capital de este culto era Heliópolis. En general, todos los hechos que se relacionaban con la figura de Ra tenían una referencia precisa al tema del *viaje* del sol en el cielo, visto alegóricamente como el viaje de la vida.

Bes, el dios egipcio de la danza, una figura ambigua y en ciertos aspectos demoniaca, se representaba con el aspecto de un enano, y estaba considerado una divinidad aparentemente de importancia menor. Es probable que su aspecto guarde alguna relación con los pigmeos, como sugiere el hecho de que hacia el 2500 a. de C. un tal Herehuf anunció al faraón Neferkere Pepi II que le había traído del «País de los árboles» —en alusión a la selva virgen africana— un enano danzarín divino. Sufría grandes deformidades físicas, y, además, era burlón, llevaba plumas y se cubría con una piel de león. Su función era proteger a los hombres de las influencias malignas.

A veces aparecía representado en objetos de uso común, y también en monumentos y templos. Parece ser que sólo con su aspecto tenía el poder de alejar a los demonios. También lo evocaban las parteras para que las protegiera durante el trabajo del parto.

Como Bes no fue una divinidad mayor, nos faltan indicaciones teológicas específicas de él. Ciertamente, se convirtió en una fuerte presencia y tuvo un gran ascendente entre la población, que a menudo lo utilizaba como guardián de las viviendas.

Se le atribuyeron virtudes mágicas, y su culto se difundió en la época baja, convirtiéndose en presa fácil de hibridaciones con otras divinidades y figuras externas. Tuvo un reconocimiento discreto en la religión romana.

Bes, debido a sus representaciones con doble frente, se relacionó con el lugar de paso, y se convirtió en un «guardián del umbral», tal como se deduce de muchos documentos arqueológicos. La representación con doble frente puede ser entendida como una representación de la tutela mágica ejercida por esta divinidad. De hecho, quien llevaba un amuleto con la representación del dios sabía que estaba protegido de las entidades malignas que le pudieran llegar desde cualquier parte.

A Bes también se le relaciona con el hermafrodita divino que, según la interpretación esotérica, constituiría la última evolución de las parejas de divinidades antes de la llegada de los cultos supremos al dios masculino.

Celtas

Observando el aspecto del diablo (cuernos y rasgos de animal), los historiadores han puesto de relieve muchas similitudes entre Satanás y algunas figuras del panteón pagano, como el dios céltico Cernunnus.

Del siglo IV al XII, el cristianismo se encontró con las religiones del norte de Europa, parecidas a las mediterráneas, en cuanto al politeísmo y al monoteísmo, pero portadoras de elementos nuevos y con peculiaridades propias. De la religión celta venía, por ejemplo, Cernunnus, con cuernos de ciervo, señor de la fertilidad, de la caza y de los infiernos. Con un cierto parecido al dios grecorromano Pan, Cernunnus, precisamente igual que Pan, fue asimilado con el diablo[7].

En la religión celta, Cernunnus, el dios corniforme (*cernu* significa «cuerno»), tenía un cargo fundamental: era el señor de todos los seres vivos, se le consideraba dios de la fertilidad y generalmente se le representaba sentado y con las piernas cruzadas.

Cernunnus llevaba en la mano derecha un *torques* (collar con adornos, a menudo dorado o plateado) y en la izquierda una serpiente con cabeza de chivo. El modelo del ser corniforme estuvo muy vivo en la ritualidad del norte de Europa y su difusión está confirmada por una serie de testimonios, muy presentes en la simbología mágico-religiosa de las gentes a las que los romanos llamaban galos.

Cernunnus, de quien se han hallado representaciones en el norte de Italia, Rumanía, Alemania, España y Francia, era considerado el Dispater del cual, según la interpretación realizada por Julio César, «todos los galos creen descender, según una tradición preservada por los druidas».

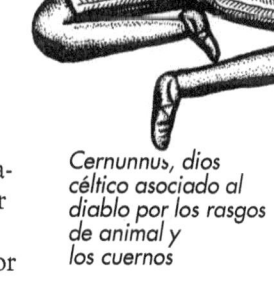

Cernunnus, dios céltico asociado al diablo por los rasgos de animal y los cuernos

En el famoso obelisco de Reims, está acompañado por Apolo y Mercurio, otras dos divinidades nombradas por César, pero la posición de Cernunnus es la dominante. En algunas representaciones esta divinidad tiene una bolsa con monedas.

Si bien no se conocen los aspectos rituales del culto dedicado a Cernunnus, en la documentación arqueológica sobre esta divinidad no faltan testimonios rupestres de antigüedad significativa.

Sin embargo, la obra que se considera un ejemplo de los más indicativos es la famosa jofaina de Gundestrup (siglo I d. de C.), en la que el dios aparece representado en posición de yogui, con calzones y el clásico casco corniforme. A su alrededor se observan varios animales salvajes, algunos reconocibles, como un ciervo, un lobo y otros quizá míticos. Cernunnus lleva en la mano derecha un torques y en la izquierda una serpiente con cabeza de chivo.

---

[7] RUSSEL, J. B., *Il diablo nel medioevo*, Milán, 1990, p. 23.

Islámicos

En la cultura islámica, los demonios son criaturas en las que se perciben claramente las influencias religiosas procedentes de diferentes ámbitos, por ejemplo, el preislámico y beduino, aunque tampoco carece de vínculos con el hebraísmo y el cristianismo, mediados a menudo por textos apócrifos.

Su obra se expresa a varios niveles en la vida del hombre, y, en cualquier caso, son criaturas activas, siempre en la dirección del mal y del pecado.

El diablo puede tener connotaciones que varían según las escuelas coránicas. Preferentemente aparece como un ángel rebelde, parte negativa de la creación. Para algunas escuelas de sufismo, el diablo aparece como símbolo tangible de la fuerza negativa que vive en nuestro ser, dicho sea de paso, la parte material y humana.

El diablo es el *enemigo* siempre dispuesto a atacar a los que se han alejado de Dios:

> Aquellos que son píos, y se esfuerzan en recordarlo, cuando una ronda del diablo los toca, rápidamente se percatan. (Sura 7, 201).
> A aquel que es ciego a la llamada del Misericordioso, nosotros damos un diablo como compañero. (Sura 43, 36).

Una de las figuras principales de la espiritualidad coránica son los yinn, tercera clase de seres, después de los ángeles hechos de luz, y los hombres, de arcilla. Son criaturas «de llama purísima de fuego», (sura 55, 15).

El sura 72 del Corán está íntegramente dedicado a los yinn, y también en varias partes del libro sagrado de los musulmanes se ilustran los orígenes de estas criaturas:

> En verdad, nosotros creamos hombres y yinn, que están destinados al fuego del infierno. Sus corazones están cerrados, sus ojos velados y sus orejas sordas. Son como ovejas que siguen a un falso pastor y se complacen caminando por el camino del error. (Sura 7, 179).

Por medio de una leyenda que se remonta al siglo XII, sabemos que los yinn al principio de los tiempos vivían en la tierra, pero su vida estaba dominada por el pecado, y entonces Dios envió un ejército de ángeles que los destruyeron; los supervivientes se dispersaron por el mundo.

Los yinn tenían la capacidad de mezclarse entre los hombres sin delatarse, ya que adoptaban un aspecto común, o bien eran invisibles. De este modo, podían llevar a cabo sin molestia alguna sus actividades malvadas para hacer pecar a los individuos.

En realidad, los yinn podían adoptar múltiples aspectos: un tema recurrente es su transformación en reptiles e insectos, y también pueden convertirse en viento y golpear a los hombres con la fuerza de la tormenta.

En el Corán se dice que el Día del Juicio, tanto los hombres como los yinn serán juzgados y «recibirán el precio de sus acciones», (sura 55,31).

La tradición legendaria habla de seres humanos que tuvieron relaciones sexuales con los yinn. Los más famosos fueron Dhû-l-Qarnayn (Alejandro Magno) y Balqïs, la reina de Saba. Debido a estas uniones, en la Tierra existen criaturas monstruosas nacidas de estas uniones, como los míticos pueblos de Yâjûjî y Mâjûjî de los que habla el Corán (21, 96), correspondientes a Gog y Magog en la tradición cristiana.

La literatura laica y religiosa de los pueblos islamizados es muy rica en referencias a los yinn. Sólo hay que leer las *Mil y una noches* para tener una gran cantidad de informaciones folclóricas sobre ellos[8].

En otro plano se sitúa Iblis, que indica el nombre personal del diablo, que derivaría del griego *diabolos*. Sin embargo, los lexicógrafos árabes tienen otra opinión. Para ellos deriva:

> De la raíz *bls*, porque él no puede esperar *(ublisa)* misericordia de Dios. Aparece en el Corán como uno de los personajes de la primera historia del mundo, que se rebeló a la creación de Adán y tentó a Eva en el Paraíso. Se negó a adorar a Adán y por eso fue expulsado del Paraíso y maldecido, pero se le concedió, por plegaria suya, que la punición fuera aplazada hasta el Día del Juicio[9].

Iblis, que no quiso postrarse ante el hombre creado con arcilla, gustó a muchos maestros sufistas, que elaboraron su forma primitiva hasta transformarlo en una criatura en ciertos aspectos parecido a un mártir. En el apartado «Los ángeles malvados», hemos visto que la tradición sobre la que se apoya la figura de Iblis pertenece a un fondo cultural que no es sólo prerrogativa del islam, sino que también se ha difundido a través de los apócrifos del Antiguo Testamento.

El ser demoniaco del mundo islámico que presenta más conexiones con el diablo cristiano es Shaytan. Esta criatura asume el emblema de rebelde, que actúa para que el mal prevalezca y «ordena a quien cede a sus adulaciones llevar a cabo acciones deshonestas y censurables», (sura 24, 21).

En las traducciones del Corán, Shaytan suele traducirse por Satanás, «enemigo declarado», aquel que trabaja para desviar a los hombres del «recto camino», (sura 17, 53).

---

[8] BERTI, G., *I mondi ultraterreni*, Milán, 1998, pp. 152-153.
[9] DI NOLA, A., *op. cit.*, p. 340.

La sura de los yinn

Di a los descreídos que te dan la espalda, Mohammad: «Dios me ha revelado que una cuadrilla de yinn escuchó la narración de los Versos del Libro y, cuando terminó, se dijeron, uno al otro: en verdad, todo lo que hemos oído es Palabra de Verdad que guía por el Recto Camino. Nosotros creemos en Dios y nunca Le asociaremos iguales.

¡Loado sea Él, que no ha elegido para Sí ni compañero ni hijos!

Hubo algunos de nosotros que inventaron mentiras sobre Dios, mientras pensaban que nadie, hombre o yinn, habría podido llegar a tanto.

Hubo algunos hombres que buscaron refugio en los yinn, pero esto aumentó su deshonestidad y sus acciones reprobables, induciéndoles a negar la resurrección de los cuerpos, en el Día del Juicio.

En los Orígenes se nos permitía subir al Cielo, pero luego fuimos rechazados por sus guardianes.

Allí escuchamos los discursos de la Corte Celeste, pero quien lo quisiera hacer ahora sería atacado por una lluvia de astros.

Nosotros no sabemos si esto ocurrió para hacer daño a los hombres o si fue un Signo de Dios, el cual quiere guiarlos por el recto camino.

Entre nosotros hay Operadores del Bien y Operadores del Mal, y ninguno sigue su propio camino.

No podemos nada contra la Voluntad de Dios, ni oponiéndonos a Él, ni alejándonos de Él.

Cuando oímos recitar los Versos del Libro, entendimos que nos había llegado un Signo de Guía y creímos en las palabras del Enviado de Dios. En verdad, los Creyentes no deben temer desgracias ni locuras.

Entre nosotros hay Creyentes y descreídos, pero sólo los primeros van por el Recto Camino, mientras que los otros arderán en el Fuego del Infierno.

En verdad, ¡cuántos de los yinn creerán en Dios y el Día del Juicio serán acogidos por nosotros en los Jardines en donde fluyen los frescos arroyos y allí tendrán la eterna morada! Pero aquellos que, hombres y yinn, vuelvan la espalda a Nuestros Signos, a estos les espera un duro castigo, aquel día». (Sura 72).

Hinduistas y budistas

En el hinduismo, algunos dioses que habían perdido su rango entraron a formar parte de la categoría de demonios, cuyo papel principal era actuar en dirección del mal y perjudicar a los seres humanos con todo tipo de acciones. Uno de los grupos de demonios eran los *raksasa*, que llevaban a cabo acciones contra los brahmanes, con comportamientos que recuerdan a los intentos efectuados por Satanás, en la tradición medieval, contra ermitaños y monjes. Luego estaban los *pisaka*, que recuerdan un poco a la figura del vampiro, ya que no se limitaban a inducir a los hombres al pecado, sino que los atacaban físicamente, alimentándose de su carne.

En los Veda, las escrituras más antiguas del hinduismo, los demonios tenían su morada en antros oscuros, según una tradición muy difundida en todas las religiones. En el ilimitado universo de la religión hinduista, narrado en textos como el *Mahabharata* y el *Ramayana*, aparecen una gran cantidad de criaturas semidivinas, angelicales y diabólicas, que dan vida a un complejo mundo muy articulado, en el que no siempre es fácil establecer categorías y funciones fijas.

Un grado de complejidad parejo se aprecia en el budismo, en donde encontramos a Mara, el antidiós, que pertenece al orden inferior de los dioses.

En general, los demonios (*bhuta, preta, pisaka*) se percibían como la personificación de estados mentales negativos que los hombres que todavía no eran perfectos no lograban reprimir, algo que Arhat, el ser perfecto, había sabido realizar siendo libre e iluminado, es decir, siendo capaz de estar al margen de miedos, pasiones, deseos y de las influencias materiales.

Según la doctrina budista, todavía hoy los que son afligidos por los deseos, los miedos y los espejismos del mundo material reciben el nombre de *sutra ajñani*, que significa «poseídos» por los demonios y por las pasiones que estos seres sabían suscitar.

También la religión del Himalaya, a pesar de disponer de un gran grupo de seres benévolos y siempre dispuestos a ayudar a los hombres, poseía sus propias criaturas demoniacas.

Contra estos seres actuaban ocho divinidades «convertidas», es decir, ex demonios, que se habían convertido en una especie de ejército contra el poder del mal, que se encargaba de salvaguardar a los hombres.

Yamantaka era el que ponía fin al dios de la muerte (Yama). Tenía rostro de búfalo con un tercer ojo, e iba encima de un toro que se doblegaba bajo su peso. Dado que representaba al dios de la muerte, llevaba un collar de calaveras y un cinturón de serpientes.

Devi era la única mujer que figuraba entre estas divinidades. Tenía rostro demoniaco, montaba un asno salvaje y estaba rodeada de muchos objetos simbólicos que la convertían en una criatura muy compleja en el terreno iconográfico.

Sitabrahman era el dios menos representado. Por lo general, aparecía montado en un dragón y con una espada en la mano derecha.

Beg-t'e debe su imagen a la tradición religiosa prebudista del Tíbet: era imagen de la fuerza y su aspecto recordaba al de un guerrero.

Yama era el dios de la muerte. Tenía la función de juzgar a los traspasados, y determinaba para cada uno de ellos la reencarnación que había merecido. A menudo se le representaba de pie sobre un búfalo que se aparea con una mujer.

Kubera era el ser monstruoso por excelencia. Como Vaisravana, era guardián del norte y depositario de los secretos para alcanzar la riqueza. En general, se le representa cabalgando a lomos de un león.

Mahakala, que en algunos aspectos recuerda a la divinidad hindú Siva, se representaba con una serie de objetos simbólicos que estaban relacionados con la práctica funeraria (hachas, cráneos, collares de calaveras) y en algunos casos iba acompañado por el pájaro divino Garuda.

Hayagriva, que significaba «el que tiene el caballo en la cabeza», se representaba con una cabeza equina en el pelo.

La tradición judeocristiana

En la religión hebrea más antigua, es decir, en el periodo que precede a la destrucción del templo de Jerusalén, se afirmaron las prerrogativas formales y teológicas que llevarán al posterior modelo demoniaco de la tradición cristiana.

Se trata de figuras diabólicas y maléficas que correspondían a las más antiguas divinidades cananeas, y que a veces estaban ligadas al desierto y a su simbolismo negativo.

Debe observarse que no siempre es fácil establecer separaciones precisas entre ángeles y demonios, del mismo modo que no es totalmente inmediata la división entre prácticas mágicas y religiosas.

En la redacción católica del Antiguo Testamento (que se diferencia de la que se usa en las iglesias reformadas, en las que están excluidos una serie de libros, tal y como ocurre en la Biblia hebrea), basada en la traducción al latín del griego efectuada por San Jerónimo (347-420), se define la naturaleza del diablo en algunos fragmentos.

Sin lugar a dudas, la introducción del mal en la historia, mediado por el diablo y sus maléficas apariencias, aparece en toda su potencia en el tercer capítulo del Génesis (3, 19):

> La serpiente era la más astuta de todas las bestias de la estepa que el Señor había hecho, y dijo a la mujer: ¿Es verdad que Dios ha dicho que no debes comer de ningún árbol del jardín?
> La mujer respondió a la serpiente: De los árboles del jardín no podemos comer, pero del fruto del árbol que está dentro del jardín, Dios ha dicho: No debes comer de él y no lo debes tocar, para no morir.
> Pero la serpiente dijo a la mujer: ¡De ningún modo moriréis! Es más, Dios sabe que el día en que comáis de él, se abrirán vuestros ojos y seréis como Dios, y conoceréis el bien y el mal.
> Entonces la mujer vio que el árbol era bueno para comer, seductor a la vista y atractivo para tener éxito; por esto tomó su fruto y lo comió, luego ofreció a su marido, que estaba con ella, y él también comió [...].

Dios dijo al hombre: ¿Así que has comido del árbol del cual te había ordenado no comer?
Respondió el hombre: La mujer que has puesto a mi lado me ha dado del árbol y yo he comido.
Y el señor dijo a la mujer: ¿Por qué lo has hecho?
Respondió la mujer: La serpiente me engañó y yo he comido.
Entonces, el Señor dijo a la serpiente: ¿Por qué has hecho esto? Maldita seas entre todos los animales y entre todas las bestias de la estepa; sobre tu pecho andarás, y polvo comerás todos tus días de tu vida. Y yo pondré una hostilidad entre tú y la mujer, y entre tu linaje y el linaje de ella: esta te aplastará la cabeza y tú le atacarás en el talón.
Dijo a la mujer: Haré que sean numerosos tus sufrimientos, y parirás a tus hijos con dolor. Hacia tu marido te llevará tu pasión, pero él te querrá dominar.
Y dijo a Adán: ¿Por qué has escuchado la voz de tu mujer y has comido del árbol del que te había dicho que no comieras? ¡Maldito sea el suelo por tu culpa! Obtendrás el alimento con esfuerzo durante todos los días de tu vida. Cardos con espinas haré crecer para ti, y deberás comer el grano de los campos. Con el sudor de tu frente comerás el pan, hasta que vuelvas al suelo, porque de allí provienes, porque polvo eres y polvo serás.

En cambio, en el Éxodo (32) la obra del diablo se aprecia en la acción sacrílega de los israelitas que, cansados de esperar el retorno de Moisés del monte Sinaí, decidieron construir un símbolo pagano para adorar.

La obra destructora de Belial

En el Deuteronomio (quinto libro del Pentateuco), encontramos un nuevo rostro y un nuevo nombre para el diablo: Belial (en algunas fuentes se cita también en la forma helenizada Beliar).

Es una figura malvada que en el Nuevo Testamento aparece claramente en las Cartas de San Pablo, en los apócrifos del Antiguo y del Nuevo Testamento y en los libros escritos por la comunidad de Qumran.

Sobre la etimología existen varias hipótesis: *beli'or* «sin luz», *beli'ol* «sin juego», *beli ya'al* «sin provecho».

En cualquier caso, en las fuentes bíblicas el término se refiere siempre a alguien muy malvado.

Belial, entendido precisamente como antagonista de Cristo, se encuentra en la Segunda Carta a los corintios (10, 15): «¿Qué armonía entre Jesucristo y Belial, qué sociedad entre un fiel y un infiel, qué acuerdo entre el templo de Dios y los ídolos?».

En el apócrifo *La ascensión de Isaías* (4, 25) su papel de antagonista todavía es más acentuado:

Pecadores soportando los tormentos infernales (de Le grant kalendrier des bergiers, *Troyes, siglo XVI, impresión de Nicolás Le Rouge, Troyes, 1469)*

Cuando llegue el final, Belial, el gran príncipe, el rey del mundo presente, que lo ha dominado desde el principio, descenderá de su firmamento con el aspecto de un hombre, rey inicuo y matricida, el cual perseguirá la plantación que los doce apóstoles del Dilecto han plantado, y uno de los doce le será dado en mano.

Dentro del articulado y complejo patrimonio constituido por los *Manuscritos de Qumran*, surge en varias ocasiones la figura de Belial, que propone interesantes oportunidades de reflexión para tratar mejor el problema del mal.

«El dominio de Belial les caerá encima, y se les entregará la espada» (4Q385). Esta es una de las muchas referencias a Belial que se encuentran en el patrimonio *qumranico*. Proviene de los fragmentos apocalípticos hallados en la cuarta gruta e indica relaciones precisas con los profetas Ezequiel, Daniel y también algunas alusiones a Osea. En cambio, en el plano de los apócrifos se encuentran referencias efectivas a Enoch y al *Libro de los jubileos*.

En un texto más articulado que pertenece a los esenios, la *Regla de la comunidad*, se describe el combate entre los «hijos de la luz» (hebreos) y los «hijos de las tinieblas» (los otros pueblos de la tierra) considerados adeptos a Belial: «El inicio tendrá lugar cuando los hijos de la luz pasen al ataque contra el partido de los hijos de las tinieblas, contra el ejército de Belial» (1QS 1,1).

El nombre propio Belial aparece en más de treinta ocasiones en los textos más importantes de Qumran, distribuido como sigue: *Regla de la comunidad* (cinco veces), *Inni* (diez), *Documento de Damasco* (seis), *Peso de la guerra* (doce).

La Lilith judaica

Como ya hemos dicho para los pueblos asirio-babilonios, la Biblia de Jerusalén también incluye esta figura femenina diabólica en el Libro de Job (18, 15) con una traducción que no está aceptada por todos los estudiosos:

> El malvado será arrastrado fuera de la protección de su tienda,
> y será llevado ante el rey del Miedo.
> Allí habita Lilith y se esparce azufre.

En el *Talmud* y en el *Zohar* o *Libro de los esplendores*, el nombre de Lilith se cita haciendo referencia a una entidad malvada y negativa, poseedora de un aspecto estremecedoramente horrendo, «feto alado como Lilith», que casi siempre se dedica a producir dolor y sufrimiento.

Muy a menudo era considerada la causa de la muerte de bebés, ya que de ella se dice que los mataba para alimentarse.

Desde el punto de vista físico, al parecer se relacionaba con el modelo monstruoso, alado y con esas características específicas que se han convertido en el arquetipo en la tradición iconográfica demoniaca.

En una gran cantidad de tradiciones, Lilith es considerada el principal demonio femenino:

Tentación a través de la avaricia

Se creía que era una criatura con pelo largo. De ella se dice: Ningún hombre puede dormir solo en una casa, porque quien duerme solo en una casa será presa de Lilith. En el Talmud se habla poco de ella. En cambio, en el folclore hebreo tardío ocupa un lugar importante, especialmente por daños que se dice que procura a las puérperas y por los raptos de niños[10].

En general, este demonio está siempre ligado a Laylah, la noche, en el significado de espíritu de la muerte, pero los autores modernos prefieren relacionarla con la Lilu sumeria, con el libertinaje; por esto, Lilith es el demonio que excita la voluptuosidad.

Para la tradición hebrea, Lilith fue originariamente la primera Eva, aquella que, replicando a Adán, renunció al paraíso terrenal y sólo obtuvo una posición periférica, abandonada en el remolino del desamparo y la oscuridad.

Esta es una de las muchas versiones de la leyenda hebrea, que describe las causas que dieron pie a la demonización de la primera mujer de Adán:

Tentación a través de la vanidad

Dios creó a la primera mujer de la tierra y la llamó Lilith: fantasma nocturno. La dio como esposa al primer hombre. Lilith se consideraba de igual valor que Adán, y no quería estar sometida a él.
Decía: tú no eres en nada mejor que yo. Ambos estamos hechos de tierra. Tengo tus mismos derechos y no quiero ser tu subalterna.
Después de un violento altercado, se rebeló y huyó. Entonces, Dios mandó tres ángeles, Snoij, Sansnoij y Smanglof, para perseguirla y llevarla de nuevo junto a su marido. La atraparon, pero como ella se negaba a volver a casa, quisieron ahogarla en el mar.
Entonces, Lilith les reveló que había sido hecha para matar a los bebés. Pero si la soltaban, se encargaría de no matar a ningún bebé que llevara por nombre Snoij, Sansnoij o Smanglof.

[10] COHEN, A., a cargo de, *Il talmud*, Bari, 1935, p. 47.

Y ha mantenido este juramento hasta nuestros días.
En la habitación en donde está la partera se dibuja un círculo y en medio se escriben las palabras «Adán y Eva, Lilith fuera»; es decir, aquí están Adán y Eva, Lilith no tiene permiso para entrar. Y en la puerta de la habitación se escribe el nombre de los tres ángeles: Snoij, Sansnoij y Smanglof. Estos ahuyentan a Lilith de la larga melena, cuando de noche aparece para hacer sufrir a los bebés y matarlos[11].

Así, Primo Levi nos ha hecho llegar la leyenda sobre el temido demonio femenino:

Lilith vive precisamente en el mar Rojo, pero todas las noches emprende el vuelo, por todo el mundo, se acerca a las ventanas de las casas en donde hay niños recién nacidos e intenta ahogarlos [...]. Otras veces penetra en el cuerpo de un hombre, y el hombre queda poseído [...]. Es golosa de semen de hombre, y está siempre alerta para que el semen vaya a parar al único lugar permitido, es decir, dentro del útero de la mujer.
Suyo es todo el semen que cada hombre ha desperdiciado en su vida, por sueños o vicio o adulterio[12].

En otras fuentes, los ángeles se llaman Snwy, Snsnwy, Smnlf, Senoy, Sansenoy, Semangelof, figuras simbólicas que tuvieron cierta afirmación también en la época bizantina, en la que se transformaron en tres santos: Sines, Sisinnios y Synodoros.
Otra versión hebraica narra que Lilith se refugió en el mar Rojo, junto con muchos demonios lascivos, con los cuales concibió más de cien *lilim* «vampiros» al día. Los ángeles del Señor, después de haber intentado en vano convencerla para que volviera con Adán, quisieron matarla. Pero ella les dijo:

¿Cómo podría morir si Dios me ordenó que me ocupara de todos los bebés varones hasta la circuncisión y de todas las hembras hasta los veinte años? Pero si me dejáis en paz, prometo que si veo vuestros nombres o sus iniciales cerca de un recién nacido, no lo mataré.

En la tradición popular, se afirmó principalmente el aspecto maligno de este demonio, con tonos que se relacionaban con las lamias y las brujas clásicas. En efecto, los *Setenta* y la *Vulgata* traducen Lilith con el término clásico de *lamia*:

---

[11] Aleph Beth D'Ben Sira, versión aparecida en I. Zwi Kanner, *Fiabe ebraiche*, Milán 1991, p. 13.
[12] Levi, P., *Lilith e altri racconti*, Turín, 1981, p. 22.

Et occurrente daemonia onocentauris,
Et pilosus clamabit alter ad alterrum;
Ibi enbavit lamia,
Et invenit sibi requiem.

El nombre del mal toma cuerpo

En algunos libros del Antiguo Testamento, Satanás (que en hebreo equivale a «acusador», «adversario») se utiliza como nombre común, es decir, en minúsculas, ya que se trata de una criatura genérica y no de la expresión de un personaje definido, como ocurrió después en el Nuevo Testamento. Satanás, como nombre común, aparece, por ejemplo, en el Libro de Job (1, 6): «Con ellos también llega satanás», y en el 1.er Libro de las crónicas (21, 1): «Satanás se levantó contra Israel y sedujo a David para que hiciera el censo de Israel».

En resumen, el diablo de la tradición veterotestamentaria se caracteriza por prerrogativas y comportamientos que lo convierten en una figura menos devastadora y, en ciertos aspectos, menos «bestial» de lo que parece en el Nuevo Testamento, en el que Satanás modela su fisonomía dominada por la mentira y el odio contra el género humano.

El fin del mundo (de la Biblia ilustrada, publicada en 1534 por Lutero en Wittenberg)

Judas Iscariote devorado por Lucifer (impresión de Bernardino Stagnino, Venecia, 1512)

En el Nuevo Testamento, el término *diabolos* (mencionado 52 veces en el Evangelio) indica al tentador por excelencia, expulsado por Jesucristo y contra el cual luchan también los apóstoles. En estos textos, Satanás aparece continuamente como una figura dedicada a alterar la obra del bien, convirtiéndose en la esfinge del pecado y de la idolatría.

En el Evangelio de San Juan, el diablo es el «príncipe de este mundo», aquel que en el Apocalipsis estará en el centro del enfrentamiento escatológico con el Hijo de Dios.

Con la afirmación del cristianismo, el paganismo pasó a ser culto a Satanás: Orígenes identificaba a los dioses paganos con los demonios —o ángeles caídos— creando los presupuestos para una tradición que se expandió como una mancha de aceite. El cristianismo medieval tuvo en los diablos unos «signos» muy concretos para poner en evidencia toda la maldad de Satanás y objetivar, a través de una serie de efectos infinitos, sus devastadores poderes. Se llegó incluso a calcular el número de demonios que actuaban en el mundo: 13.306.668, de los cuales 6.666 estaban capitaneados por Belcebú.

El trato cristiano sobre las jerarquías de los demonios y sobre sus «especializaciones» adopta muchas veces un tono completamente legendario, alimentado por creencias influenciadas también por reminiscencias religiosas del Medio Oriente.

A menudo se decía que los demonios estaban organizados en legiones, una tradición que tenía un estereotipo en el Nuevo Testamento. En efecto, el término tiene origen en el episodio del endemoniado de Gerasa, y se debe, en particular, a Marcos y Lucas:

> ¡Sal de este hombre, espíritu inmundo! Le preguntó: ¿Cuál es tu nombre? Él respondió: Legión es mi nombre, porque somos muchos. (Marcos 5, 1).
> Jesús le preguntó: ¿Qué nombre tienes? Le respondió: Legión es mi nombre. Muchos demonios habían entrado en él. (Lucas 8, 26).

Partiendo de la base del testimonio evangélico, la demonología medieval elaboró teorías muy aventuradas, por las cuales no sólo contó el número de demonios, sino que también definió sus peculiaridades específicas. Según estos estudios, habría 72 diablos príncipes y 7.405.927 diablos súbditos repartidos en 111 legiones. Además, cada uno de nosotros tendría mil demonios a su izquierda y diez mil a su derecha: «Mil caerán a tu lado, diez mil a tu derecha» (Salmos 91, 7). Johan Weyer, en *Pseudomonarchia daemonum*, elaboró una lista de demonios refiriéndose al esquema que el pseudo-Dionisio había aplicado a los ángeles: en su estudio aparecen 68 nombres de príncipes demoniacos, a los que van a parar varias legiones.

El diablo, que busca siempre la perdición del género humano, según los Padres de la Iglesia no era activo por naturaleza, sino por decisión propia.

Santo Tomás también dice que los diablos no tienen sentimientos, que odian a Dios y, por tanto, son el origen de todos los pecados, cuyas principales culpas son la soberbia y la envidia.

Aunque en el Nuevo Testamento se describe al diablo de forma diferente, su papel no cambia y se centra siempre en las acciones que tienen por objetivo final la lucha contra Jesucristo. Los nombres recurrentes son:

- Maligno (Mateo 5, 37);
- Enemigo (Mateo 13, 39);
- Mentiroso (Juan 8, 44);
- Seductor (Apocalipsis 12, 9);
- Dios de este mundo (2.ª Carta a los corintios 4, 4).

San Pablo, en sus Cartas, usa tres vocablos para referirse al diablo: *satanas, diabolos* y *daimonion;* pero en sus escritos también aparece el nombre de Belial de antigua tradición judaica, en el que nos hemos detenido anteriormente.

El recurso a la figura del diablo está particularmente marcada en San Pablo. En todas sus *Cartas,* la figura del Maligno se define con nitidez y también su acción, en dirección de la devastación de la obra divina, se expresa con claridad, como se ve en la Carta a los efesios (6, 10-17).

Antes de la llegada de Jesucristo, los hombres habían vivido en la culpa y en el pecado, pero con la llegada del Mesías, los hombres de buena voluntad deberán estar a punto para la lucha con el fin de hacer triunfar el bien:

> En definitiva, reforzaos con el Señor y con su fuerza. Vestid la armadura entera de Dios para repeler las ingeniosas maquinaciones del diablo; no luchamos contra una naturaleza mortal, sino contra los principios, contra las fuerzas, contra los dominadores de este mundo oscuro, contra los espíritus malignos de las regiones celestes.
> Por este motivo, debéis poneros la armadura de Dios para resistir en el día malvado y, después de haberlo predispuesto todo, obrad con firmeza. Seamos fuertes, con el cinturón de la verdad, la coraza de la justicia y los pies calzados con la prontitud que da el evangelio de la paz; en toda ocasión abrazando el escudo de la fe, con el cual podréis apagar todos los dardos de fuego del maligno; tomad el yelmo de la salvación y la espada del Espíritu, es decir, la Palabra de Dios.

Debe observarse que este texto es particularmente rico en referencias simbólicas relacionadas con la imagen de la batalla y de la lucha contra potencias de gran fuerza definidas como «príncipes» y «dominadores». Además, San Pablo se refiere a los demonios como «espíritus malvados de las regiones celestes», una referencia significativa que confirma la naturaleza angelical, en el origen, de aquel ser malvado que Juan llama «Príncipe de este mundo» (14, 30).

El mensaje simbólico del Apocalipsis

San Juan ofrece una amplia interpretación del papel y de la fuerza del diablo en la obra que puede ser considerada la más representativa de la tradición escatológica judeocristiana: el Apocalipsis.

Se trata sin duda de una obra bastante problemática, porque es el único texto sobre el fin de los tiempos que contiene el Nuevo Testamento y ha ofrecido muchas ocasiones de profundización bibliográfica, por parte de teólogos e historiadores.

Como en el Apocalipsis judaico, la estructura de la narración de San Juan se basa en acontecimientos escatológicos ahora ya próximos:

- el dominio del Anticristo;
- el retorno del Mesías;
- el juicio divino contra los adeptos al mal;
- la beatitud de los elegidos en una nueva era.

El Apocalipsis según San Juan es un libro dividido en 22 capítulos, agrupados en tres secciones: una introducción (1-3), una parte profética (4-12, 5) y un epílogo (12, 5-21).

Después de una primera visión introductoria, en la que el autor presenta sus intenciones y la inspiración divina, que están en la base de la obra, el libro se abre con la «Dedicatoria a las siete iglesias de Asia». Este bloque va seguido por la «Visión de los sellos» (5, 7), que precede a la batalla entre Dios y Satanás.

Los primeros cuatro sellos abiertos representan los caballeros del Apocalipsis, figuras ricas de referencias simbólicas y llenas de angustias y miedos: «Les fue dada la potestad de llevar el exterminio a la cuarta parte de la tierra con la espada, el hambre, la peste y con las fieras de la tierra».

Con la abertura del séptimo sello se da inicio al sonido de la primera de las siete trombas (7, 11), que provocarán una retahíla de castigos en la tierra, que estructuralmente pueden conectarse con el motivo de las «plagas de Egipto» de tradición veterotestamentaria.

En el capítulo que va entre el septenario de las trombas y el de las «Copas de la ira», se describe el ataque de las fuerzas infernales que quieren oponerse a Dios y encontrar nuevos adeptos para su obra nefasta (8, 9).

Estos episodios van seguidos de la «Dominación del dragón», que intenta devorar al hijo de la Virgen, el futuro Mesías. Pero el símbolo del mal encuentra aquí un obstáculo en Miguel. Entonces, el dragón recurre a dos bestias terribles para encontrar una nueva oportunidad para luchar contra Dios.

La bestia que sale del mar está considerada el símbolo del Anticristo; mientras que la que llega de la tierra se identifica con una especie de seudoprofeta, encargado de preparar la llegada del Anticristo.

En este momento concreto, irrumpe en la narración la voz celeste que anuncia el juicio ahora ya próximo.

El cielo se colma entonces con un signo extraordinario: «Siete ángeles con siete trombas que tenían siete plagas, las últimas, ya que con estas la ira de Dios se cumplió».

Con el último septenario de la ira de Dios, «Las copas» (15, 16), los pecadores conocen los efectos de su comportamiento y de su decadencia moral.

La primera copa produce plagas horribles que trastornan a los adoradores de la bestia.

La segunda y la tercera convierten en sangre las aguas del mar y de los ríos.

La cuarta copa se vierte en el Sol, lo cual produce un aumento de su intensidad que causa quemaduras terribles en el cuerpo de los hombres.

La quinta cae violentamente sobre el trono de la bestia.

La sexta copa tiene la función de preparar el lugar en que tendrá lugar la batalla entre el ejército del Anticristo y el Mesías.

Y la última copa produce un gran terremoto, que divide Babilonia en tres partes; este cambio geológico indica simbólicamente el preludio de la caída definitiva.

En el enfrentamiento final, la bestia y el falso profeta sufren una gran derrota, a consecuencia de la cual serán lanzados al abismo de fuego. Satanás es encadenado por un periodo de mil años, después del cual es liberado. Entonces, busca entre las gentes de Gog y Magog aliados para reorganizar la lucha contra Dios. Pero el poder de Satanás es siempre limitado y, al final, el demonio también es lanzado al abismo de fuego, en donde se encuentran el Anticristo y el falso profeta.

Después de la derrota del maligno, llega el momento de la resurrección universal y del Juicio Final, con el advenimiento del Jerusalén celeste. Mientras se espera que llegue el momento, el autor advierte que es importante que el contenido del Apocalipsis sea meditado y, sobre todo, proporcione la ocasión para mirar el futuro con objetividad. San Juan amenaza a quien intente ocultar o falsear el mensaje de sus obras: «Si alguien añade algo, Dios le inflingirá las plagas que se describen en este libro».

El diablo de la selva

La intensa obra de cristianización que ha influido en todos los ámbitos en los que, en los siglos IV-V d. de C., el Verbo todavía no había logrado afirmarse, ha motivado que algunas divinidades del panteón clásico adoptaran el semblante de demonios.

Por ejemplo, el antiquísimo dios Pan (del que el demonio cristiano ha tomado muchos atributos) era la divinidad de la vida pastoral y agreste cuyo nombre, al parecer, deriva de *pacer*. Dios de las selvas era expresión de la vida salvaje y ca-

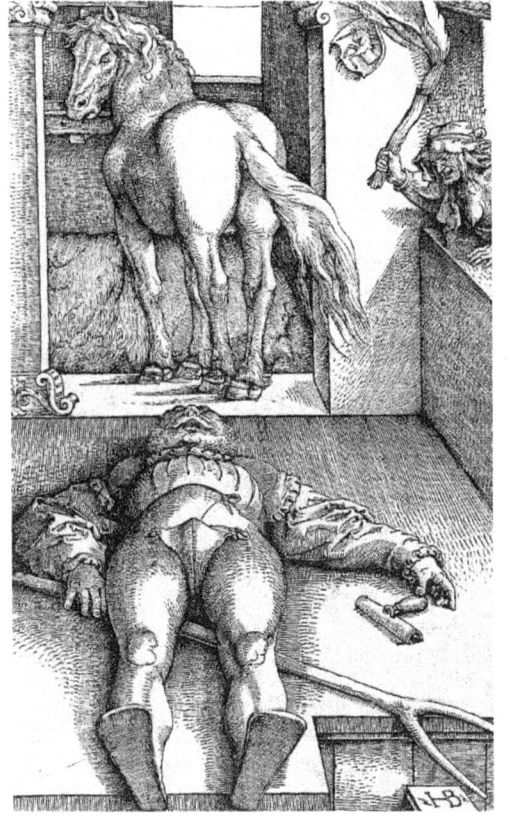

La muerte de un sirviente por obra de una bruja (de un dibujo de H. B. Grien)

rente de reglas. Teócrito lo describía como un ser «poderoso y salvaje» que «dormía al mediodía, reposando en los antros de los rebaños o en la frondosidad de los bosques, y entonces es peligroso despertarlo, ni aunque sea con la zambomba que tanto le gusta».

En cambio, Estrabón tomó en consideración a los sátiros y a los silenos, divinidades terrestres consideradas por los griegos como demonios, dando inicio a una tradición que se conservará en los siglos siguientes.

Ovidio destacaba que Fauno, en la época de los romanos, a menudo tenía las características del demonio *Incubus*, y asustaba a los hombres con sueños y apariciones terroríficas.

Otras criaturas temidas y demoniacas eran las *striges*. Varios autores de la Antigüedad nos hablan de estos seres nocturnos que tenían la prerrogativa de infligir a los seres humanos todo tipo de tormento. Una descripción nítida nos llega en el libro *Arte poética* de Horacio. Ovidio, en los *Fastos*, las identifica como mujeres-pájaro, cuyo escondite estaría entre los montes Sibilinos. La figura de la *strix* habría dado lugar a la bruja occidental, que fue objeto de una dura represión entre los siglos XIV y XVII.

La isla de los herreros

> Transcurridos ocho días, avistamos una isla a poca distancia, desolada, pedregosa y llena de detritus, sin árboles ni vegetación, llena de fraguas de herreros. El venerable padre dijo a los monjes:
> Hermanos, os confieso que esta isla me preocupa, porque no quiero ir, ni tan siquiera pasar cerca, pero el viento nos empuja precisamente hacia ella.

Esto es el íncipit del capítulo XXIII de *La navegación de San Brandano,* que propone una escenografía infernal de la isla de los herreros-demonios avistada en el curso del viaje del santo y de su tripulación hacia la «Tierra prometida de los santos».

Los interesantes detalles de este texto ofrecen la posibilidad de reflexionar sobre una costumbre muy difundida cuando el cristianismo se esforzaba en llevar su voz a aquellas tierras (en este caso el norte de Europa), en donde todavía estaba muy extendida la religión pagana.

Ritos y prácticas precristianas eran considerados «cultos al diablo», y toda divinidad era vista como uno de los tantos rostros que adoptaba Satanás para inducir al hombre al pecado.

Si intentamos seguir un tramo del itinerario de San Brandano, veremos claramente que las antiguas divinidades y los diablos cristianos adquieren rostros y características muy similares.

Así, la *Navegación de San Brandano*, una obra escrita en latín de la que se desconoce el autor, aunque probablemente fue un eclesiástico inglés de siglo IX o X, propone la imagen fuertemente mística de un santo que puede ser considerado el arquetipo del viajante para la fe.

> San Brandano, hijo de Finlog, sobrino de Alta, de la estirpe de los Eoganacht de Loch Nein, nació en la tierra de los hombres del Munster. Tenía una complexión fuerte de asceta, célebre por sus dotes morales, abad de unos tres mil monjes. Mientras se ejercitaba en la disciplina monástica en la localidad de Clonfert, una noche ocurrió que fue a visitarlo otro abad, de nombre Barindo, su sobrino.

En el texto se dice que el santo se hallaba en Clonfert, topónimo irlandés que deriva de Cluain Ferta «bosque de los milagros» y corresponde a la localidad que todavía hoy lleva este nombre. Allí se levantaba uno de los monasterios fundados por el santo y hoy se puede contemplar una importante catedral.

Brennan Mac Hua Alta, el nombre histórico de San Brandano, nació en el 484 en Tragh Li, la actual ciudad de Tralee. Desde muy joven se dedica a la actividad monástica y lleva a cabo numerosas peregrinaciones por mar: fue a Escocia, Gales, Bretaña, a las islas Orkey y a las Shetland.

Su nombre está ligado a la fundación de muchos monasterios. Uno de ellos es el de Clonfert, desde donde inició su mítico viaje que narra en *Navegación de San Brandano*. En este texto aparecen elementos narrativos y legendarios provenientes de distintas tradiciones literarias, que tienen como punto de referencia los Imram, resúmenes de viajes por mar realizados, en la mayor parte de los casos, por héroes míticos. Ciertamente, este género tan particular puede haber influido en la redacción de esta obra que, en efecto, convierte a San Brandano en una especie de héroe de la fe, en un Ulises cristiano en busca de la luz divina, entre mil dificultades y peligros.

En el texto se encuentran elementos que provienen del Apocalipsis de San Juan y, con toda probabilidad, de los itinerarios medievales que usaban los peregrinos que iban a Tierra Santa, los *Itinera hierosolymitana*. Se ha descrito, por otro lado, escenas procedentes del mundo clásico, como por ejemplo, los herreros diabólicos, que pueden tener sus raíces en los Cíclopes de la *Odisea* o de la *Eneida* (III, 675), pero también podrían presentar conexiones con la mitología germánica.

Todo el conjunto se mantiene vivo con una profunda y continua referencia al universo del imaginario medieval que, con sus figuras, sus lugares y sus maestros, constituye la parte narrativa más fascinante de una obra digna de ser leída.

En el capítulo XXIII, Brandano y su embarcación van en dirección al «lugar infernal». El santo capitán se dirige al cielo pidiendo:

> «Oh señor Cristo, sálvanos de esta isla», pero la invocación no fue oída, y he aquí que uno de los habitantes de la isla salió de una fragua, con gesto de tener algo que hacer. Tenía el aspecto de un salvaje y estaba ennegrecido por el fuego y el hollín [...]; el salvaje había llegado corriendo hasta la orilla que tenían en frente, blandiendo unas tenazas con las que sujetaba un enorme bloque incandescente. Sin perder un instante, lo lanzó hacia los siervos de Cristo. Pero no les dio, y el proyectil pasó de largo y fue a parar a más de un estadio de distancia.
> Apenas cayó al mar, se encendió como si fuera la lava de un volcán y se alzó una humareda como de un horno. El hombre de Dios se alejó una milla del punto en el que había caído el bloque, pero ya todos los habitantes de la isla habían acudido a la orilla, armados con bloques incandescentes [...], parecía como si toda la isla se hubiera convertido en una fragua ardiente, mientras el mar hervía como una cazuela llena de carne que se cuece al fuego. Y durante todo el día oyeron gritos siniestros que se elevaban de la isla. Incluso cuando ya la tenían fuera de la vista, a sus oídos llegaban todavía los aullidos de sus habitantes, y un fuerte hedor a sus narices.

La isla «llena de fraguas de herreros» normalmente se identifica con Islandia, de la que se tiene conocimiento de fenómenos volcánicos, indicados alegóricamente por el autor de la *Navegación de San Brandano* como «fraguas». El ambiente es motivo de preocupación para San Brandano, quien, oyendo «retumbar como truenos los soplidos de las barquineras y resonar los golpes de los martillos sobre los yunques y sobre el hierro», expresa su inquietud y se dirige al cielo pidiendo ser salvado del mal que hay en la isla.

Cuando aparece uno de los habitantes, el santo y su tripulación lo reconocen como un «salvaje», cuyo aspecto demoniaco se ve enfatizado por la suciedad acumulada en el cuerpo dentro de la fragua.

La combinación salvaje-infernal no es nueva en la literatura cristiana. En efecto, tiene su inicio en los primeros siglos del cristianismo, cuando cualquier divinidad pagana era reinterpretada por la nueva religión.

Todavía en el siglo XVI, cuando los bosques empezaban a perder extensión a favor de los terrenos cultivados y, por consiguiente, se tenía un conocimiento de los lugares que limitaba sus auras míticas, Jean Bodin (1530-1596) afirmaba que los habitantes típicos de aquellos lugares «faunos, sátiros y silvanos» no eran más que «demonios y espíritus malvados».

Anteriormente, dos inquisidores alemanes, Heinrich Institor y Jakob Sprenger, autores del *Malleus maleficarum* (1486), habían tratado el tema en los mitos silvestres (los pilosos), pasándolos por el cedazo de una cultura que se había propuesto encontrar el modo de conectar las figuras del paganismo con el universo de los demonios.

En el grabado *El papa con rasgos de salvaje* (1545) de Melchor Lorsch, conservado en el Museo Preussischer Kulturbesitz de Berlín, se ha utilizado la imagen del salvaje para asignar una nota demoniaca al máximo mandatario de la Iglesia católica, como demuestra la dedicatoria firmada por Martín Lutero.

El herrero-salvaje de la isla que vio San Brandano empuña un bloque incandescente como arma contra los navegantes. Al caer al mar, el bloque provoca un efecto similar al de la lava en contacto con el agua, lo cual recuerda la fenomenología de la actividad volcánica.

Así que San Brandano se aleja de la isla, llegan a la orilla otros herreros-demonios, también ellos con bloques incandescentes, y, cuando los navegantes se han alejado ya de la isla, les llegan los aullidos de los habitantes y un fuerte «hedor», que puede ser una metáfora del olor a azufre que normalmente acompaña a las criaturas infernales en la tradición occidental.

El diablo, el desierto, la tentación

Entre los muchos temas hagiográficos que han encontrado una importante afirmación en la cultura literaria y figurativa, sobre todo a partir de la Edad Media, se trata de modo particular las tentaciones diabólicas a las que fueron sometidos muchos santos. Ciertamente, quien combatió con más fuerza al maligno fue San Antonio Abad.

Antonio era un eremita egipcio que vivió entre los siglos III y IV, que adoptó el ideal ascético como medio para encontrar una unión total con Dios y, al mismo tiempo, para luchar contra las antiguas adulaciones del mal, que buscaban un terreno más fértil cuando la víctima se encontraba sola.

El modelo ascético se afirmó ya en el siglo IV, cuando muchos cristianos eligieron la soledad, a menudo en lugares realmente inaccesibles, para huir así de la sociedad que, con sus atractivos, acababa alejando al fiel de la primitiva enseñanza evangélica.

Las informaciones que poseemos sobre San Antonio nos llegan a través del obispo de Alejandría, Atanasio (295-313), quien narró episodios del santo en una biografía, *Vita Antonii*, todavía hoy el único instrumento para una valoración histórica de los hechos.

En la Edad Media, San Antonio tuvo una gran devoción y repercusión popular, sobre todo después del traslado de Constantinopla a Francia de sus reliquias,

San Antonio Abad, ermitaño de Egipto que luchó contra las tentaciones del diablo (siglo XVII)

a las que se atribuyeron importantes poderes taumatúrgicos, con poder para curar el *ignis sacer*, conocido como «fuego de San Antonio».

Popularmente, la figura del santo se relacionó con la agricultura y el pastoreo, hasta convertirlo en el protector de las cosechas y del ganado. Todavía hoy no es raro encontrar en la iconografía de las zonas rurales esfinges de San Antonio con la imagen de los animales domésticos más difundidos, colocados en los establos para alejar las fuerzas nefastas del maligno y el mal de ojo.

Según la documentación que nos ofrece San Atanasio, Antonio se aisló en el desierto, ya que se había propuesto la búsqueda de una simbiosis total con Dios, pero tuvo que desempeñar la difícil misión de luchar contra las múltiples insidias del diablo.

San Antonio fue abordado por un grupo de demonios, que intentaron desviarlo de su propósito recordándole los placeres terrenales:

> Primeramente, intentó disuadirlo de la vida ascética suscitándole el recuerdo de las riquezas... También despertó en él el amor por el dinero, el deseo de gloria, el placer por la comida variada y muchos otros placeres de la vida... Confió luego en las armas, que están en el ombligo del vientre... Uno le sugería pensamientos obscenos, el otro los rechazaba con las plegarias; uno lo excitaba, el otro le avergonzaba y le daba fuerza mediante la fe, los ayunos y las plegarias. De noche, el diablo tomaba el aspecto de una mujer e imitaba su comportamiento... Todo esto ocurría por vergüenza del enemigo. Aquel que se creía similar a Dios... *(Vita Antonii)*.

Antonio, que mientras tanto había elegido una tumba por morada, superó inmune las loanzas de Satanás, pero una noche un grupo de demonios «entró en el sepulcro y atizó a San Antonio tantos golpes que lo dejó tendido en el suelo, incapaz de hablar, acabado» *(Vita Antonii)*.

Luego fue el turno de las bestias diabólicas, que trastornaron al pobre asceta con mil sufrimientos. Pero Antonio salió vencedor una vez más:

Si tuvierais poder, habría bastado uno solo de vosotros. Pero como el Señor os quitó la energía, intentáis atemorizarme con el número. Signo de vuestra debilidad es vuestro aspecto de bestias y de brutos» *(Vita Antonii).*

La iconografía ha recuperado a menudo este tema, caracterizando a San Antonio vencedor, con un aspecto muy particular, encerrado en su melancólica calma saturnina. Las tentaciones se plantean siempre en lugares solitarios y en el desierto, siendo este último un espacio con múltiples matices. En aquel lugar, que fue la morada de Juan Bautista, la vida era difícil debido al sufrimiento que generaba la dureza de la existencia asceta, al ambiente hostil, a la soledad y a la pena de las tentaciones. El lugar volvía salvaje al hombre, tendía a privarle de su aspecto primitivo, que lo diferenciaba de las otras criaturas vivientes: «Juan llevaba un vestido de pelos de camello, ajustado en la cintura con un cinturón de piel; su comida constaba de langostas y miel» (Mateo 3, 4). La elección del desierto provocaba el rechazo de los hábitos, aislando al hombre de todos los condicionamientos terrenales, dándole la posibilidad de buscar una relación más concreta con Dios, sin la distorsión del materialismo.

Pero el desierto también era el lugar en donde se manifestaba la tentación del demonio que, como hemos visto en la experiencia de San Antonio, intentaba liar a sus víctimas con una serie de tretas, primero perversas y lascivas, y después, si los intentos de convicción se revelaban estériles, dominadas por la más ciega violencia contra quien había sabido superar indemne las proposiciones de Satanás.

Jesucristo también tuvo que superar esta difícil prueba, que se propone repetidamente en todas las experiencias ascéticas siguientes: «Entonces Jesucristo fue llevado al desierto para ser tentado por el diablo» (Mateo 4, 1; Marcos 1, 12; Lucas 4, 1).

El desierto, en la tradición judaica, adquiría así un valor ambiguo y, además de ser el lugar de encuentro con Dios, era también el universo en el que Satanás se revelaba con más vigor. En el desierto, el diablo encontraba su propio reino, en donde señorear sin obstáculos:

Cogerá dos cabras y las pondrá en presencia del Señor, en la entrada del toldo del convento, tirará a suertes las dos cabras, y entregará una al Señor y otra a Azazel. Aronne ofrecerá la cabra en la que haya recaído la suerte del Señor, y con esta hará el sacrificio expiatorio. La cabra en la que recaiga la suerte de Azazel la pondrá viva en presencia del Señor, para realizar encima de ella el rito expiatorio, y la mandará a Azazel en el desierto. (Levítico 16, 7-10).

Pero la fuerza del demonio nada podía cuando encontraba la resistencia del hombre de fe, que, consciente de su superioridad espiritual, lograba neutralizar todos los ataques del demonio. Tenemos un claro ejemplo en las palabras de San Antonio que reproduce Anastasio: «No huyo de vuestros golpes. Aunque me deis más, no me separaré de mi amor por Cristo».

Jesucristo y el diablo

En los Evangelios, aun sin otorgar a Satanás un papel fundamental, el diablo surge en unas fases cruciales de la narración, y se le atribuyen declaraciones a menudo relevantes para el significado del texto:

• en el inicio de su ministerio, Cristo acepta ser tentado por el demonio (Mateo 4, 11; Marcos 1, 12-13; Lucas 4, 1-13);
• contra el poder de Satanás fue propuesta la oración del Padre Nuestro (Mateo 6, 9-15);
• el diablo es acusado a menudo de obstaculizar a los hombres y de sembrar cizaña (Mateo 13, 19);
• sea como fuere, como anuncia Jesucristo a Pedro, «la fuerza de los infiernos» no se impondrá a la Iglesia (Mateo 16-18);
• realizando curaciones, Jesús atribuye el origen del mal a Satanás (Lucas 13, 16);
• es Satanás el que penetra en Judas y hace que el apóstol traicione a su maestro (Juan 13, 2-27);
• en el huerto de Jetsemaní, cuando fue hecho preso, Jesucristo afirma que ha llegado la hora de la «fuerza de las tinieblas» (Lucas 22, 53);
• previamente, durante la última cena, Jesús había dicho que el príncipe de este mundo ya había sido juzgado» (Juan 6, 11);
• en los Evangelios resulta evidente que Cristo al final logrará vencer a Satanás y a su poder (Lucas 11, 14-20).

La corona de Lucifer y la sangre de Cristo

Según una leyenda medieval, durante la crucifixión, José de Arimatea recogió la sangre de Cristo en una copa, la misma en la que Jesús había celebrado la Eucaristía en la última cena. Aquella copa había sido forjada con la corona de Lucifer y fue llamada Santo Grial.

La tradición también cuenta que José de Arimatea llevó el Grial a Europa, que fue custodiado en la Glastonsbury Tour, Inglaterra.

Es evidente que nos encontramos en el maremágnum de la mitología, porque intentar fijar el binomio entre José de Arimatea y el Grial significa buscar dentro del universo del mito, juntando dimensiones tan alejadas entre ellas, como lo fueron tierras y personajes que quizá nunca se encontraron, en ningún momento ni en ningún lugar.

El primero y más importante cuerpo de informaciones sobre José de Arimatea proviene de la tradición canónica: los cuatro Evangelios nos ofrecen algunas noticias sobre este personaje, cuya intervención resulta sustancialmente ligada a las prácticas funerarias efectuadas para dar sepultura al cuerpo de Cristo.

Este es el testimonio del Evangelio de San Juan, que añade algunas informaciones más con respecto a Mateo, Marcos y Lucas:

> José de Arimatea, que era discípulo de Jesús, pero secreto por miedo a los judíos, solicitó a Pilatos sacar el cuerpo de Jesús. Pilatos se lo concedió. Entonces fue y sacó su cuerpo. También fue Nicodemo, el cual ya había ido antes a su casa por la noche, llevando una mezcla de mirra y aloe de unas 100 libras. Tomaron el cuerpo de Jesús y lo envolvieron con vendas y aromas, siguiendo la costumbre de los judíos para el sepelio.
> En el lugar en que fue crucificado había un huerto, y en el huerto un sepulcro nuevo, en el que no se había puesto nunca a nadie. Allí, debido a la preparación de los judíos, como el sepulcro estaba cerca, depositaron a Jesús. (Juan 19, 38-42).

En unos pocos y esenciales versos, tanto en los Evangelios sinópticos como en el de San Juan, José de Arimatea entra y sale de la historia sin volver nunca más. Son, sin duda, elementos demasiado limitados para reconstruir la biografía de un personaje en gran parte misterioso; al mismo tiempo, estos datos no parecen indicar ningún elemento que sirva para relacionar al «discípulo secreto» con el Grial. Pero sobre todo, no tenemos manera de comprobar cómo José de Arimatea se apoderó de aquella copa que había tomado forma a partir de la fusión del emblema del mal.

Al principio, las fuentes apócrifas y la literatura medieval, surgida a partir de la tradición artúrica, contribuyeron a aumentar el misterio y sus símbolos. Pero cuando los ecos de Lucifer, del apóstol secreto de Cristo y del Grial entraron en Europa, el enigma se hizo todavía mayor. Y hoy en día, todavía lo es.

Jesús victorioso

Los Evangelios mencionan a un Jesús que siempre vence a Satanás. Incluso antes de empezar a predicar, lucha contra el diablo, y consigue salir vencedor de sus tentaciones. De este episodio nos habla con mucha claridad el Evangelio de San Mateo (4, 1-7):

Entonces Jesús fue llevado por el Espíritu al desierto para ser tentado por el diablo, y después de haber ayunado cuarenta días y cuarenta noches, tuvo hambre.
Se le acercó el tentador y le dijo:
—Si eres Hijo de Dios, haz que estas piedras se conviertan en pan.
Pero él le respondió:
—Está escrito: no sólo de pan vivirá el hombre, sino de cualquier palabra que salga de la boca de Dios.
Entonces, el diablo le llevó consigo a la ciudad santa, lo subió al pináculo del templo y le dijo:
—Si eres Hijo de Dios, tírate abajo. Porque está escrito que ordenará a sus ángeles que te aguanten por los brazos, para que no te golpees los pies con alguna piedra.
Y Jesús le respondió:
—También ha sido escrito: no tentarás al Señor, tu Dios.

El caso en el que Jesucristo demuestra su mayor fuerza exorcista es, sin duda, el de los endemoniados de Gerasa (Mateo 8, 28-32):

Cuando llegó a la región de los gadarenos, dos poseídos salieron de las tumbas y fueron a su encuentro. Eran hombres peligrosos, hasta el punto que nadie osaba pasar por aquella calle. Y empezaron a gritar:
—¿Qué hay entre nosotros y tú, Hijo de Dios? ¿Has venido aquí para atormentarnos antes de tiempo?
No lejos de ellos había una gran piara de cerdos que pastaba. Los demonios le suplicaron diciendo:
—Si nos echas, mándanos a la piara de cerdos.
Y él les dijo:
—Id.
Entonces, toda la piara se precipitó al mar desde lo alto del precipicio y pereció en las aguas.

En el Evangelio de San Marcos se describe con algún detalle más, pero sobre todo hay un aspecto muy interesante en el nombre del diablo que se había insinuado entre los poseídos de Gerasa. Cuando Jesucristo les preguntó «¿Cómo te llamas?», la respuesta fue: «Legión es mi nombre, porque somos muchos» (Marcos 5, 9).
El poder destructor del diablo, que se expresa por medio de la posesión, puede causar fuertes sufrimientos físicos, cuyos orígenes pueden ser considerados naturales y combatidos con la medicina. Es muy significativo el caso del chico que desde hacía tiempo estaba poseído por «un espíritu mudo, que cuando le da hace que

se golpee por todas partes y le salga espuma, rechine los dientes y luego se quede rígido». En este caso, la acción exorcista sobre el chico poseído (que presenta los signos de una crisis epiléptica) se realiza exclusivamente con el poder de la palabra: «Espíritu mudo y sordo, yo te lo ordeno: sal de este y no vuelvas a entrar nunca», e inmediatamente el diablo abandonó a su víctima (Marcos 9, 14-29).

Uno de los poseídos más destacados del Nuevo Testamento es, sin duda, Judas Iscariote. Los motivos que llevaron a Judas a traicionar continúan siendo un enigma difícil de desvelar, si nos atenemos sólo a algunas informaciones evangélicas. El Evangelio de Lucas especifica que «Satanás entró entonces en Judas»; su acción se atribuye a una intervención diabólica, que se desliga de la historia y entra en otro contexto, impenetrable con sólo los instrumentos de la ciencia.

Sobre esta posesión, los apócrifos han escrito páginas llenas de leyenda. Veamos un ejemplo singular en la transcripción del Evangelio árabe de la infancia (35, 1):

> Cuando Jesús tenía tres años, había una mujer que tenía un hijo poseído llamado Judas. Este, cada vez que Satanás le invadía, mordía a todo aquel que se le acercaba, y cuando no veía a nadie a quien morder, se mordía sus propias manos y sus propios brazos.
> La madre de este pobre niño, que conocía la fama de María y de su hijo Jesús, fue con su hijo Judas a donde se encontraba María. Mientras tanto, Jaime y Oses habían llevado a Jesús a jugar con los otros niños, y, al regresar a casa, se quedaron con el señor Jesús.
> Cuando llegó Judas, endemoniado, se sentó a la derecha de Jesús. Cuando Satanás penetró en él, quiso, como era costumbre, morder a Jesús, pero no lo consiguió. Sin embargo, le azotó un golpe en el lado derecho y este se puso a llorar. Inmediatamente, Satanás salió de aquel niño y huyó como un perro rabioso.
> Este niño, que golpeó el lado derecho de Jesús y de quien salió Satanás en forma de perro, era Judas Iscariote, quien lo entregó a los judíos. Y el lado en donde recibió el golpe Jesús fue el lado en el que los judíos le clavaron la lanza.

El papa

El 29 de junio de 1972, Pablo VI hizo la inquietante observación de que el «humo de Satanás por alguna fisura ha entrado en el templo de Dios».

Unos meses después, el papa Montini destacaba que la Iglesia debía trabajar para:

> La defensa de aquel mal al que llamamos demonio. Encontramos el pecado, perversión de la libertad humana, y causa profunda de la muerte, porque el

alejamiento de Dios, fuente de la vida, y luego, a su vez, ocasión y efecto de una intervención en nosotros mismos y en nuestro mundo de un agente oscuro y enemigo, el demonio.

El mal ya no es una deficiencia, sino una eficiencia, un ser vivo espiritual, pervertido y pervertidor. Terrible realidad. Misteriosa y aterradora. Sale del marco de las enseñanzas bíblicas y eclesiásticas quien se niega a reconocer su existencia, y también quien hace de ella un principio en sí misma, que no tiene origen en Dios, como todas las criaturas.

O la explica como una pseudorrealidad, una personificación conceptual y fantástica de las causas desconocidas de nuestras desgracias [...], el principal es uno: Satanás, que quiere decir el adversario, el enemigo; y con él muchas, todas criaturas de Dios, pero caídas, por ser rebeldes y estar enloquecidas, todo un mundo misterioso, perturbado por un drama infeliz del que conocemos bien poco.

Pablo VI también dijo que se debía controlar:

El influjo que el demonio puede ejercer en los individuos, las comunidades, en sociedades enteras, o en acontecimientos; un capítulo muy importante de la doctrina católica, que debe ser estudiado de nuevo porque hoy en día se trata poco [...].
Algunos creen que es posible encontrar una compensación suficiente en los estudios psicoanalíticos y psiquiátricos o en las experiencias espiritistas, actualmente muy difundidas en muchos países. Se teme caer en viejas teorías maniqueas, o en aterradoras divagaciones fantásticas y supersticiosas.
Hoy se prefiere mostrarse fuerte y sin perjuicio, comportarse con positivismo, y no prestar fe a muchas supersticiones mágicas y populares, o, peor aún, abrir el alma a las experiencias licenciosas de los sentidos, de los estupefacientes o a las seducciones ideológicas de los errores de moda, fisuras a través de las cuales el Maligno puede fácilmente penetrar y alterar la mente del hombre.

La línea de Pablo VI fue seguida por Juan Pablo II que, en una carta dirigida a los jóvenes en 1985, afirmaba: «No hay que tener miedo de llamar por su nombre al primer artífice del mal: el Maligno».
En una epístola posterior declaraba:

Como dice claramente la revelación, el mundo de los espíritus puros está dividido en buenos y malvados [...]. Satanás, el espíritu rebelde, quiere su propio reino, no el de Dios, y se constituye como el primer adversario del Creador, opositor de la providencia y antagonista del saber amoroso de Dios.

Según el papa Boitila, la habilidad del diablo que actúa en el mundo:

Es inducir a los hombres a negar su existencia en nombre del racionalismo y en cualquier otro sistema de pensamiento que busca todas las escapatorias con tal de no admitir la obra. Esto no significa, sin embargo, la eliminación de la libre voluntad y de la responsabilidad del hombre, ni tampoco de la frustración de la acción salvadora de Cristo. Se trata, más bien, de un conflicto entre las fuerzas oscuras del mal y las de la redención.

El Nuevo Catecismo

• Párrafo 391: «Detrás de la elección desobediente de nuestros primeros padres, hay una voz seductora que se opone a Dios, que por envidia los hace caer

en la muerte. La Escritura y la Tradición de la Iglesia ven en este ser un ángel caído, llamado Satanás o diablo»;
• Párrafo 395: «Pero la fuerza de Satanás no es infinita. Él no es más que una criatura [...]. La permisión divina de la actividad diabólica es un gran misterio, pero sabemos que todo concurre al bien de aquellos que aman a Dios».

El exorcismo de los discípulos de Jesucristo

Cristo concede a sus discípulos la fuerza de expulsar a los demonios, es decir, de efectuar exorcismo:

• «Llamó a su lado a los doce discípulos, y les dio el poder de expulsar a los espíritus inmundos y curar cualquier tipo de enfermedad e invalidez» (Mateo 10, 1);
• «Id por todo el mundo y predicad el evangelio a todas las criaturas. Quien crea y se haga bautizar será salvado, y quien no crea será condenado. Estos son los signos que acompañarán a los creyentes: en mi nombre expulsaremos a los demonios, hablarán nuevos idiomas, cogerán serpientes con la mano y, si beben algo mortífero, no les hará daño, pondrán las manos en los enfermos y estos sanarán» (Marcos 16, 16-18).

Observando los testimonios de los Evangelios, constatamos que los demonios, cuando poseen a los hombres, presentan unas características recurrentes:

• los demonios expulsados buscan refugio en lugares áridos y desolados (Mateo 12, 43; Lucas 11, 24);
• el demonio puede poseer a un hombre y hablar a través de él (Mateo 1, 23; Lucas 4, 33);
• la persona poseída tiende a aislarse del mundo y llevar a cabo una vida salvaje (Mateo 8, 28; Marcos 5, 1; Lucas 8, 27);
• los demonios salen del poseído de forma visible y pueden traspasarse a animales (Mateo 8, 31);
• el endemoniado muestra su estado a través de manifestaciones físicas muy claras: rechina los dientes, cae al suelo, se pone rígido, babea (Mateo 17, 14; Marcos 9, 18; Lucas 9, 37).

El Anticristo

El *antichristos,* «contra Cristo», también llamado *pseudochristos,* «falso Cristo», se constituye como aquel que está «contra Jesucristo».

Anticristo es un término propio de Juan Evangelista (1.ª Carta de Juan 2, 18-22; 4-3; 2.º Libro de Juan 7), pero la misma entidad se encuentra en San Pablo (2.ª Carta a los tesalonicenses 2, 3-12), en donde se identifica con «el hombre de la impiedad», «hijo de la perdición», «adversario».

Hipólito describe al Anticristo como un tirano, guerrero y prevaricador, que se opone con todos los medios a Jesucristo (Hipólito, *De Antichristo*, VI).

Los vocablos aparecen por vez primera en la segunda mitad del siglo I d. de C., pero la preposición *anti*, que primero significaba «en el lugar de», «en vez de», más tarde pasó a indicar «contra», proponiendo una contraposición de tipo ontológico.

En la cultura alejandrina se puede encontrar fácilmente la expresión *antitheos* «antidiós».

> *Anti* no sólo significa «opuesto a», sino también «equivalente a», o «sustituido por»; este sentido se presta a un dualismo maniqueo, y ayuda a explicar que el conocimiento verdadero y sólido del Anticristo es la cosa más importante después del conocimiento de Cristo.
> En francés, el nombre es *Antéchrist*, «antes de Cristo»; este sentido también debe tenerse en cuenta cuando el Anticristo está asociado a los últimos días[13].

En cambio, la composición de la palabra con *pseudo* le da un significado que varía las connotaciones éticas del término compuesto, y define algo falso, erróneo, engañoso.

---

[13] LUCKEN, L. U., *Antichrist and the prophets of antichrist in the chester cycle,* Washington, 1940, pp. 11-13.

La definición del *Anticristo* es, en cualquier caso, ambigua, ya que en las fuentes puede aparecer como un auténtico demonio, como un *filius diaboli*, pero también como un hombre en el que se ha encarnado el demonio. Sobre todo, no debe considerarse un fósil teológico, sino un símbolo sin tiempo, que se reafirma especialmente en los periodos de mayor crisis existencial y cultural.

En general, es una criatura destinada a oponerse al bien y a sus representantes, adoptando múltiples aspectos, que no son necesariamente ajenos a las influencias culturales de cada época.

En el concepto ambiguo que caracteriza al Anticristo hay un dato objetivo: es una figura contrapuesta negativamente a Jesucristo.

De la 1.ª Carta de Juan y de San Pablo surge la conciencia, por parte de los autores, de un anuncio precedente de la llegada del misterioso personaje: «Es el espíritu del Anticristo que habéis oído que debe venir» (1.ª Carta de Juan 4, 3; 2, 7-24; 3, 11); «¿No recordáis que, cuando todavía estaba entre vosotros, ya os decía estas cosas?» (2.ª Carta a los tesalonicenses 2, 5).

En el Apocalipsis, el Anticristo se presenta con el aspecto de una bestia que sube de las profundidades del mar, secundada por el falso profeta; la bestia que sube de la tierra (13, 1-18).

La identificación del Anticristo con animales de todas las especies es un tema recurrente, especialmente en el simbolismo medieval.

Según algunos intérpretes, el Anticristo se identifica con «aquel que está», y con la neutra «abominación» (Marcos 13, 24), que se refiere a Daniel (9, 27), poniendo al Anticristo en el triunfo de la «tribulación» (Marcos 13, 24).

Las distintas figuras de adversarios escatológicos, que pueden sobreponerse al Anticristo, pueden ser vistas en modelos característicos del judaísmo, y más en general en la mitología del Próximo Oriente.

Tampoco debe pasarnos por alto el hecho de que el Anticristo es un símbolo de la literatura apocalíptica y no una figura histórica, a pesar de que haya sido definida con precisión. Hipólito lo define como «*skenos topu satana*», «caso de Satanás» (Hipólito, *De Antichristo*, LVII), casi corroborando que en este ser pueden estar contenidas todas las maldades del mundo.

En realidad, este particular personaje estaba muy vivo en la conciencia cristiana del siglo I, aunque recibe otros nombres, según las fuentes. «Impío», «inicuo», «potencia de error», etc. son todas ellas expresiones para definir a aquel ser maligno que intentará, con distintos recursos, mostrarse parecido a Jesús, pero perseguirá a los cristianos y a los santos, (Hipólito, *De Antichristo*, LVIII-LXI).

Los múltiples aspectos del Anticristo y las hipótesis de reconocimiento que han acompañado su fama hacen más problemática esta figura, aunque siempre confirman su pertenencia al mal.

Por tanto, debemos buscar por el camino del pecado, siguiendo sus múltiples transformaciones, para lograr descubrir algún elemento que pueda contribuir a esclarecer parte de los aspectos más misteriosos del Anticristo, cuya acción está destinada a satisfacer, paradójicamente del modo más espectacular y grotesco, al hombre necesitado de prodigios, ansioso de poseer unos signos que puedan trazar con nitidez la línea entre el bien y el mal.

En el enfrentamiento entre la fe cristiana, luterana y hugonota identifican al papa con el diablo (grabado francés del siglo XV)

Nacimiento del Anticristo (estampa popular)

El Apocalipsis de Juan

Una fuente de interés fundamental para entender algunos aspectos del Anticristo es el Apocalipsis de Juan. Ciertamente, se trata de una referencia que ha sido objeto de discusión por parte de grandes pensadores y teólogos, que han dado pie a diferentes lecturas que han desembocado en tesis opuestas.

En el recorrido simbólico del Apocalipsis, incluso se han querido descifrar las indicaciones para descubrir los detalles de una improbable reconstrucción cronológica de los eventos futuros del mundo.

El autor de este problemático libro, ciertamente condicionado por la tradición escatológica judaica, situaba en un futuro no muy lejano los acontecimientos relacionados con el retorno de Jesucristo y la separación definitiva entre los fieles y los pecadores.

Sobre el Apocalipsis se cierne el peso de un equívoco hermenéutico que ha marcado, con tonos no siempre objetivos, el contenido de esta *revelación*. En efecto, el Apocalipsis no es un texto críptico en el que se recogen, alegóricamente, los aspectos destacados del *fin del mundo*, sino que es un itinerario teológico que indica el fin de la historia. Además, en él no sólo está presente la idea del castigo y de la pena, sino que también contiene la esperanza en la fe y en Dios.

Y vi del mar salir una bestia que tenía diez cuernos y siete cabezas, y en los cuernos diez diademas, y en sus cabezas nombres blasfemos.
Y la bestia que vi era parecida a una pantera, con las patas como un oso y el hocico como el de un león. Y el dragón le dio su fuerza, su trono y un gran poder. Vi una de sus cabezas como herida de muerte, y su herida mortal fue sanada: la tierra entera fue presa de estupor ante la bestia, y adoraron al dragón porque a la bestia había dado poder, y también adoraron a la bestia diciendo: «¿Quién es parecido a la bestia, quién puede luchar contra ella?».
A esta le fue dada una boca que profería palabras de orgullo y de blasfema, y le fue dado poder para actuar durante cuarenta y dos meses.
Esta abrió su boca blasfema contra Dios, para blasfemar su nombre, su morada y a los habitantes del cielo.
Le fue concedido hacer la guerra contra los santos y vencerlos; le fue dado el poder sobre cualquier tribu, pueblo, idioma y nación: la adorarán todos los habitantes de la tierra cuyo nombre no está escrito en el libro de la vida del Cordero, que está inmolado desde la creación del mundo.
Quien tenga oídos que escuche:
Quien lleva a la cárcel, va a la cárcel, quien mata con la espada, con la espada tiene que morir. Aquí está la constancia y la fe de los santos.
Vi otra bestia salir de la tierra: tenía dos cuernos parecidos al Cordero y hablaba como el dragón.
Esta ejerce todo el poder de la primera bestia en presencia de ella, e induce a la tierra y a sus habitantes a prosternarse para adorar a la primera bestia, cuya herida mortal fue curada.
Realiza grandes prodigios hasta hacer llover fuego del cielo a la tierra, ante la mirada de los hombres.
Mediante los signos que se le ha permitido realizar en presencia de la bestia, induce al error a los habitantes de la Tierra, diciéndoles que erijan una estatua a la bestia que ha recibido el golpe de espada y ha sobrevivido.
Le fue concedido infundir el espíritu viviente a la estatua de la bestia, de modo que la estatua de la bestia pudiera hablar e hiciera dar la muerte a todo aquel que no se prostrara en adoración a la estatua de la bestia.
Y les induce a todos, pequeños y mayores, ricos y pobres, libres y esclavos, a grabarse una marca en la mano derecha o en la frente, y a hacer que nadie pueda comprar o vender si no es que tiene como marca el nombre de la bestia o el número de su nombre.

Hemos reproducido casi íntegramente el capítulo XII del Apocalipsis, ya que constituye en cierta medida la estructura portante del problema del Anticristo, que aquí aparece envuelto en la espiral de una configuración simbólica bien delineada.

El ángel que encadena a Satanás (grabado de Alberto Durero)

El capítulo XIII del Apocalipsis contiene la referencia a las dos bestias, que representan objetivamente los instrumentos de la acción de Satanás.

La pretensión ancestral de poder por parte del Señor del mal se confirma en la bestia híbrida: multiforme criatura encargada de perseguir a la progenitura de los hombres.

Es particularmente significativo el hecho de que el monstruo reciba el nombre de «bestia»; su figura es indefinida, y evoca imágenes conectadas con lo horrendo, o feo, dando así a la tipología del monstruo un posterior valor demoniaco.

Además, este ser terrible emerge del mar, símbolo del caos primigenio, del cual provienen el desorden y la irracionalidad.

El mar equivale al abismo, al lugar de la oscuridad impenetrable, mientras que la tierra es el lugar del hombre después de su caída, es decir, un espacio imperfecto, privado de la pureza del Edén.

En referencia a Daniel (7, 2), el mar puede interpretarse como el lugar simbólico del origen del poder político. En esta línea, algunos intérpretes ven en la bestia que sale del mar la representación del Imperio romano. Pero a diferencia de Daniel, en Juan la violencia de la descripción se radicaliza con la presencia de la bestia en la tierra: expresión de la corrupción política, moral y religiosa que se superpone al poder temporal.

En un primer y sumario análisis se podría caer en la tentación de definir a la bestia del mar como una especie de Anticristo político, en el que se expresan los dos polos de la maldad: Babilonia y Roma (Apocalipsis 17, 5).

En cambio, la bestia de la tierra está subordinada a la primera y tiene el aspecto de profeta, una especie de sacerdote del Anticristo.

La bestia del mar se presenta como una especie de contrafigura del dragón: sería «un gran dragón de color rojo fuego, con siete cabezas y diez cuernos, y siete diademas en sus cabezas».

La interpretación de las cabezas y de los cuernos del Anticristo se ha relacionado con el Apocalipsis (9-14), al cual recurren a menudo los estudiosos cuando intentan atribuir una

La bestia del Apocalipsis (grabado de Alberto Durero)

La bestia de las siete cabezas anunciada en el Apocalipsis (grabado de Luca Cranach)

dimensión histórica a esta figura, esforzándose en concretar una referencia precisa entre los emperadores romanos. De hecho, en la cabeza herida de muerte y luego curada se ha discernido la imagen simbólica de Nerón resucitado, según una conocida leyenda que convierte al temido emperador en un ser casi inmortal, que para algunos es incluso el propio Anticristo.

Con la afirmación de la bestia del mar, Satanás obtiene en la tierra el reconocimiento colectivo que había buscado inútilmente en el cielo. Por medio del Anticristo, el Señor del mal encuentra una forma, aunque sea por un periodo de tiempo limitado, de certificar su propio poder: «¿Quién es parecido a la bestia, quién puede luchar contra ella?».

Desde el punto de vista físico, la bestia del mar está descrita como una fiera monstruosa, parecida a una pantera: la tercera bestia proveniente del mar en Daniel (8, 6), pero con pie de oso y boca de león, como la segunda y la primera bestia (7, 5).

Los cuernos hacen pensar en la cuarta bestia descrita en las visiones del profeta: un animal no precisado, descrito como «terrible, espantoso y extraordinariamente fuerte».

El número de cabezas también guarda relación con Daniel. En efecto, mientras que la primera, la segunda y la cuarta bestia tienen una cabeza cada una, la tercera posee cuatro, por lo que en total suma siete.

El simbolismo negativo está acentuado por la presencia de los cuernos, indicadores del poder maligno, que en este caso se difunde en el poder político hostil a Dios.

Esta simbología podría encontrar una efectiva referencia simbólica en la tradición cultural del Próximo Oriente, en la que el cuerno tenía un significado importante en las representaciones de la divinidad, que en la reinterpretación cristiana fueron transformadas en emblema simbólico de la potencia.

Igual que la cuarta bestia de Daniel, el Anticristo también profiere palabras de orgullo y blasfemias contra Dios, intentando imponer la fuerza del mal, insinuándose, sin encontrar excesivos obstáculos, en el humus más fértil: el poder político.

Juan se refiere a una figura ya conocida, el dragón, y lo recompone con la ayuda de elementos nuevos: las diademas entre los cuernos y los nombres blasfemos en las cabezas.

El paso de las diademas de las cabezas a los cuernos expresa, en el terreno simbólico, la igualdad en cuanto a dignidad entre los soberanos humanos y los demoniacos. En definitiva, se insiste en la función desempeñada por la bestia del mar, que encarna el poder político por orden del dragón (Satanás).

El Anticristo, según Juan, actúa con los medios del hombre, es decir, a través de la política, para favorecer la afirmación del mal y difundir su poder.

> La bestia que él ve salir del mar es un ser monstruoso que, según parece, orgánicamente concentra las tres bestias que en Daniel se presentan distintas y sucesivas una a la otra.
> El ser monstruoso visto por Juan también es, pues, el cuarto de la serie. Pero el hecho de que se presente como la suma de los tres precedentes puede tener dos explicaciones. Se podría pensar que este monstruo representa el Imperio romano, y, en tal caso, su carácter compuesto se puede explicar por el carácter universal de dicho imperio, que había absorbido todos los anteriores a él. Sin embargo, la naturaleza compuesta y compleja del monstruo también se podría entender como el símbolo universal del poder político, encarnado históricamente en los cuatro imperios mundiales fijados por la tradición historiográfica y apocalíptica que ya encontramos en Daniel[14].

El poder concedido al Anticristo le permitirá luchar contra los santos y vencerlos, y encontrar adeptos en «todos los pueblos, tribus, idiomas y naciones», pero serán gentes perversas cuyos nombres no están escritos en el libro de las vidas del Cordero. Pero el tiempo de su dominación será limitado. Juan advierte que «le fue tolerado actuar durante cuarenta y dos meses».

Mientras que la bestia del mar parecería la expresión de una fuerza bruta, basada en la violencia y en la represión de los opositores, la segunda resulta ser una figura que actúa en un plano diferente, menos epidérmico, más sutil, pero no por ello poco violento.

---

[14] CORSINI, E. *Apocalisse, prima e dopo,* Turín, 1980, p. 332.

La bestia de la tierra parece que recurre a otro tipo de dominio, más subterráneo y refinado, que se basa sobre todo en la posibilidad de error de la mente humana y en el apego natural a la vida y a sus comodidades. La segunda bestia contribuye a consolidar el poder de la primera, difundiendo su eco e intentando captar adeptos. Para hacerlo se sirve de prodigios y fenómenos extraordinarios, llegando incluso a emular a Elías, causando una lluvia de fuego.

Los milagros, en este caso fruto de magia y sortilegio, se vinculan al poder del Anticristo, que con la ayuda de estos medios obtiene amplios consensos entre las gentes, tal como también destaca San Pablo (2.ª Carta a los tesalonicenses 2, 9).

El falso profeta erigirá una estatua del Anticristo, dotada del poder mágico de hablar, y quien no se arrodille ante él será condenado a muerte. Esta imposición es una demostración del poder pagano que sostiene a las imágenes y está fuertemente endemoniado por la cultura judaica.

Para conseguir que nadie pueda escapar al poder de la bestia del mar, todos estarán marcados con el misterioso signo 666: «Número de la bestia... número de hombre».

Después de la descripción que hay en el capítulo XIII, Juan no nombra más a la bestia de la tierra, y recurre a metáforas como «falso profeta», «prostituta» o «Babilonia», que en el fondo tienen la función de destacar el aspecto ambiguo de un personaje considerado, también en la tradición legendaria, el colaborador más cercano del Anticristo.

El falso profeta, al ejercer su propio poder, obtiene cada vez un mayor reconocimiento por parte del Anticristo, y, por tanto, tiene autonomía propia, una línea «político-religiosa».

En este sentido, aun prescindiendo de toda voluntad de efectuar un seguimiento histórico, que tiende a llevarnos a un reconocimiento objetivo de la figura objeto de la discusión, la bestia de la tierra puede ser considerada una representación de un «mesianismo» no oficial, que se configuró en el seno del judaísmo.

Esta corriente fue considerada demoniaca por la tradición oficial, como se refleja claramente en las palabras de Jesús: «Surgirán falsos cristos y falsos profetas, y harán grandes signos y prodigios que inducirán al error, si fuera posible, incluso a los elegidos» (Mateo 24, 24).

El triunfo del Anticristo, aunque esté limitado en el tiempo, está determinado también por la actividad sutil de la bestia de la tierra, que, al obtener el poder de Satanás y la autonomía del Anticristo, contribuye a formar el territorio, sobre el cual el mal reinará y los hombres serán adulados por sus alabanzas.

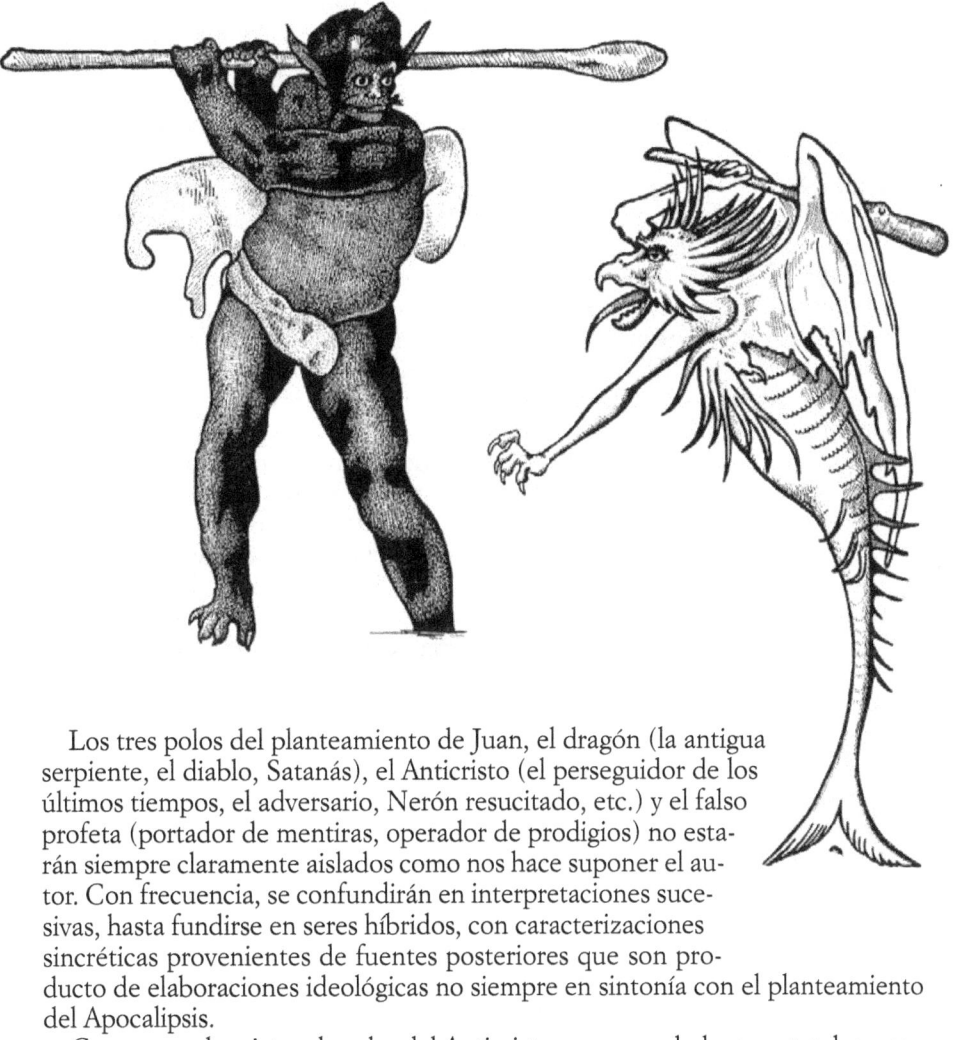

Los tres polos del planteamiento de Juan, el dragón (la antigua serpiente, el diablo, Satanás), el Anticristo (el perseguidor de los últimos tiempos, el adversario, Nerón resucitado, etc.) y el falso profeta (portador de mentiras, operador de prodigios) no estarán siempre claramente aislados como nos hace suponer el autor. Con frecuencia, se confundirán en interpretaciones sucesivas, hasta fundirse en seres híbridos, con caracterizaciones sincréticas provenientes de fuentes posteriores que son producto de elaboraciones ideológicas no siempre en sintonía con el planteamiento del Apocalipsis.

Como ya se ha visto, el poder del Anticristo, aun cuando logre extenderse entre los hombres, algunos de los cuales lo reconocerán como un nuevo dios, tendrá una duración limitada, y al final prevalecerá el bien, y Satanás, derrotado, caerá al abismo.

La batalla final

A partir de una definición concreta del Apocalipsis, se ha ido forjando la tradición de un enfrentamiento definitivo entre las fuerzas del bien y las fuerzas del mal, que se produciría en un lugar que Juan llama Armaguedón. En general, los comentaristas coinciden en identificar Armaguedón con la «montaña de Megiddo», situada en la llanura de Izreel, en donde tuvieron lugar dos importantes batallas para Israel y el juez Barak derrotó a los de Canná, liberando así a los hebreos de la esclavitud. En consecuencia, aquel lugar se ha convertido en símbolo de hundimiento para los ejércitos que estuvieron allí.

Har-Meghiddo, símbolo del Día del Juicio, aumentó su aureola apocalíptica no sólo por ser el escenario de sangrientas batallas, sino también por su posición estratégica. Por allí transcurría la antigua ruta comercial que iba desde Egipto hasta Siria y Mesopotamia, y que pasaba por los límites de la llanura de Esdrelon, entre el monte Carmelo y los montes de Gelboe, en donde había otras ciudades fortificadas importantes: Taana, Esdrelon y Beth-Shean.

El Antiguo Testamento narra que Salomón edificó con otras ciudades también Megiddo, transformándola en una fortaleza-almacén (1.er Libro de los Reyes 9, 15), que iba a ser una de las plazas fuertes más importantes del norte de Palestina, tanto desde el punto de vista comercial como defensivo.

Conquistada durante el reinado de David (1070 a. de C.), Salomón transformó la ciudad en una plaza fuerte capaz de albergar sus carros de guerra, y que al mismo tiempo representaba un gran depósito de cereales.

En Megiddo, los arqueólogos han hallado los restos de una gran cuadra, en la que tenían cabida más de mil caballos. Este testimonio debe situarse cronológicamente en el reinado de Acab (875-854 a. de C.), pero debajo del pavimento de las cuadras aparecieron otros restos de la época salomónica.

Por tanto, esto corrobora la gran afluencia de animales y de carros dentro de la ciudad fortificada, según una tradición histórica perfectamente documentada: «Los caballos de Salomón provienen de Siria; los mercantes del rey utilizaban sus contactos para comprarlos allí. Un carro se importaba de Egipto por seiscientas piezas de plata» (1.er Libro de los Reyes 10, 28-29).

Las excavaciones arqueológicas han demostrado que entre el año 2800 y el 2100 a. de C., Megiddo estaba rodeada por muros de cuatro metros de grosor. Además, en el nivel inferior de la excavación se han hallado los estratos de otras veinte ciudades.

La importancia estratégica y política de esta ciudad de Canná se ve confirmada por el hecho de que fuera citada más allá de las fronteras de Israel. En efecto, fue la primera ciudad palestina que aparece citada por un faraón egipcio.

En el templo de Barak hay jeroglíficos en los que se describe la batalla que sostuvo Thutmosi III en el 1468 a. de C. en Megiddo.

En el siglo X, el juez Barak derrotó al ejército de Iabin de Sisero en la llanura de Megiddo, y ello creó los presupuestos para una mitología que tuvo un éxito significativo en la cultura hebraica.

En el 925 a. de C., el faraón Sesonki I, con la colaboración del rebelde Geroboamo, intentó derribar el poder de Roboan, hijo de Salomón, y destruyó muchas ciudades de Palestina, entre las que figuraba Megiddo.

En el 605 a. de C., otro faraón, Necho II, aliado de los asirios, derrotó y dio muerte al rey Josia (640-605 a. de C.) cerca de la ciudad, porque había intentado rebelarse contra la dominación de Canná.

Estos grandes acontecimientos, junto a una serie de hechos menores, contribuyeron a señalar Megiddo como un lugar en donde se revelará «toda la fuerza de Dios», para vencer al mal que, desde la óptica escatológica judaica, estaba representado principalmente por los enemigos de Israel. Enemigos que, a través del lenguaje alegórico de Daniel y Juan, adquirieron tonos múltiples y multiformes, pero siempre reconocidos como emblema del pecado y de la perdición, y son elementos fundamentales para la obra destructora, pero limitada, del Anticristo.

666: el número del Anticristo

Uno de los aspectos simbólicos del Anticristo, que todavía hoy está envuelto por el misterio, es el signo 666, un número que es una especie de emblema de los esclavos de Satanás.

El falso profeta:

> Se encargaba, además, de que todos, pequeños y mayores, ricos y pobres, libres y esclavos, llevaran impresa en la mano derecha o en la frente una marca, de modo que nadie pudiera comprar o vender fuera de los que llevaban la marca, es decir, el nombre de la bestia, o el número de su nombre.
> Aquí está la sapiencia. Quien tenga mente que compute el número de la bestia; es un número de hombre. Su número es el seiscientos sesenta y seis. (Apocalipsis 13, 16-18).

Pero, ¿este es su significado? Aun admitiendo la hipótesis de que el 666 tuviera un significado simbólico fácilmente interpretable por los contemporáneos de Juan, podemos constatar que, ya en el siglo II, los comentaristas del Apocalipsis admitían su incapacidad para establecer el significado preciso de estos tres números.

Para intentar llegar a una definición, algunos estudiosos han aplicado la *guematria*, un procedimiento de tradición hebraica que, asignando un número a cada letra del alfabeto, suma las letras de una palabra determinada, estableciendo así la cifra que le corresponde.

Se trata de un método empírico con algunas lagunas insuperables. Por ejemplo, podía ocurrir que dos palabras de significado opuesto tuvieran un valor numérico idéntico.

Una tesis que ha llegado hasta nuestros días, con la influencia de tradiciones legendarias, sugiere buscar en el 666 el nombre de Nerón. Si se transcribe en letras hebreas el nombre griego y el título, Nerón César, «NRWN QSR», *Neron Quaesar,* las letras correspondientes dan un total de 666. Pero otros leen nombres diferentes, utilizando el alfabeto griego y el latino: en el 666 se han identificado los nombres de Tito, Domiciano y Trajano.

La tradición perduró mucho tiempo. Para Ireneo, el 666 contiene todo el mal de la apostasía:

Es razonable, pues, que su nombre posea el número seiscientos sesenta y seis, ya que concentra en sí toda la mezcla de iniquidad que tuvo lugar antes del diluvio a causa de la apostasía de los ángeles [...]. De este modo, los seiscientos años [...] que significan el nombre de este hombre del que se recapitula toda la apostasía de seis mil años, y la injusticia, y la iniquidad, y la falsa profecía, y el engaño, por culpa de las cuales habrá un diluvio de fuego. (Adversus haereses V, 30).

En general, la tendencia es asignar al seis repetido tres veces un valor relacionado con la imperfección (número de hombre), que empeora por su interacción y por el orgulloso y perverso valor que le atribuye la bestia.

En este sentido, el 666 indicaría la debilidad de espíritu, la fragilidad, la inferioridad del hombre ante el inescrutable designio cósmico.

A lo largo de los siglos se han dado numerosas interpretaciones, y en el 666 se han leído los nombres de dictadores y de enemigos de la paz, hasta llegar a nuestros días.

La visión del profeta Daniel

Una opinión difundida entre los exegetas es que la figura del Anticristo tiene un modelo muy preciso en las Profecías de Daniel, en las que se describe un monstruo con dientes de hierro que tiene analogías concretas con la bestia que describe Juan. Daniel es, de todos los profetas, el que tiene un mayor seguimiento en el terreno de la literatura apocalíptica. Los expertos coinciden en situar su libro en el siglo II a. de C. El libro ha llegado hasta nosotros en tres idiomas (hebreo, arameo y griego). Está estructurado en dos partes: la primera (I-VI) se articula como una narración y reconstruye la vida de Daniel, deportado a Babilonia en el año 597 a. de C.; el apéndice (XIII-XIV) se detiene en la victoria de Susana, condenada injustamente, y en la inútil pretensión de la idolatría.

La cuarta bestia que describe Daniel también ha sido interpretada como una metáfora del Imperio romano:

Daniel dijo: Yo miraba en mi visión toda la noche. Los cuatro vientos del cielo revolvían el gran mar, y cuatro grandes bestias salían de él, todas ellas distintas. La primera era como un león con alas de águila. Mientras yo miraba, le fueron arrancadas las alas y fue levantada del suelo; luego se le obligó a estar de pie como un hombre y se le dio un corazón de hombre.

Y entonces, aparece otra bestia, la segunda, parecida a un oso; se alzaba sobre un lado y tenía tres costillas entre los dientes. Se le decía: venga, come mucha carne. Después de esto yo miraba las visiones nocturnas, y surge otra bestia, como una pantera, pero con cuatro alas de pájaro en el lomo. La bestia tenía cuatro cabezas y le fue dado el poder.

Después de esto yo miraba las visiones nocturnas, y surge una cuarta bestia, terrible, espantosa y extraordinariamente fuerte, tenía grandes dientes de hierro, comía, trituraba y el resto lo pisoteaba; era diferente a todas las bestias precedentes y tenía diez cuernos. Yo miraba los cuernos; entonces, otro pequeño cuerno despuntó en medio, y cayeron otros tres. En aquel cuerno había ojos como de hombre y una boca que profería palabras arrogantes. (7, 2-8).

Las mil caras del diablo

Con todas las implicaciones culturales que comporta, detengámonos a analizar al diablo y la manera en cómo su imagen ha llegado hasta nosotros con los inevitables estereotipos y contradicciones.

En general, en el imaginario influenciado por la tradición cristiana, el diablo es la expresión de una estructura en la que participan elementos figurativos y simbólicos de distinto origen. Su aspecto es predominantemente monstruoso, pero no faltan los diablos con tonos grotescos, especialmente en la cultura popular.

En la conciencia cristiana, el diablo adopta, desde siempre, aspectos múltiples y se carga de atributos monstruosos, originados por influencias externas, pero también por arquetipos comunes. En general, sin embargo, posee un aire grotesco, hasta convertirse en una especie de figura malvada pero impotente, que el hombre logra vencer con la astucia y la fe.

Ciertamente, la presencia de reminiscencias de divinidades paganas demonizadas por la Iglesia, que en su esfuerzo evangelizador ponía en evidencia todos los matices demoniacos, ha desempeñado un papel importante.

En los *Cánones de los concilios*, en las homilías de los primeros obispos y en muchas otras fuentes, la Iglesia se distanció de todas aquellas tradiciones populares que, en el intento de derrotar los poderes negativos del diablo, acabaron recorriendo su mismo camino, recurriendo a ciertas prácticas de claro origen pagano.

El diablo se convierte así en parte del imaginario popular a través de un mecanismo de reconocimiento, que buscaba en la vida cotidiana los signos de una criatura destinada a resaltar su otredad y, por consiguiente, su condición de ser temible.

Demonio Gaap, realizado por Collin De Plancy, J. A. S., Diccionario infernal

El aspecto monstruoso del diablo, resultante de las manipulaciones formales de divinidades paganas y con la complicidad de cierta tradición apocalíptica, arraigó en la cultura cristiana occidental con su eco de terror.

Desde el punto de vista iconográfico, el diablo adquiere rasgos estandarizados que se dan en muchas religiones. Por tanto, su aspecto se ha estructurado siempre en la dirección de la alteración de aquellas reglas consideradas normas de belleza o, por lo menos, de normalidad.

Es significativo el hecho de que en el apócrifo *Evangelio de Bartolomé* (2, 18), el diablo está descrito como una criatura enorme:

> Su longitud era de mil novecientos codos, la anchura de setecientos, un ala suya era de ochenta codos. Su rostro ardía como el fuego, sus ojos estaban nublados y de su nariz salía el humo de su maldad. Su boca era como una mina de piedras.

En general, en la metáfora cristiana, el diablo es la expresión de una atávica forma de bestialidad y voracidad que se contrapone con la espiritualidad para dejar que los sentidos dominen totalmente.

Pero su capacidad de modificar completa y continuamente su aspecto es el arma principal del diablo, gracias a la cual consigue insinuarse en la existencia de los hombres:

> Con el semblante de hombres santos, [los demonios] mienten; con el semblante de gigantes, bestias feroces y rastreras, asustan y disgustan. Emiten olores repelentes; a veces hacen una algarabía agotadora [...]. San Hilario oyó llantos de niños, aullidos, sollozos de mujeres, rugidos de leones, ruidos ahogados de ejércitos que se enfrentaban en la noche [...]. Los demonios carecen de orgullo, se rebajan de lo horrendo a lo bobo con tal de sustraer al monje de su contemplación[15].

Di Nola hace una observación muy racional:

> Atendiendo a su consistencia real, los diablos no son nada; son imágenes proyectadas en representaciones visibles y fantásticas que expresan la conflictividad del hombre con las realidades históricas y culturales. El hombre percibe la naturaleza y la historia como ámbitos hostiles y amenazadores, y puede proyectar la amenaza y la hostilidad a figuras imaginarias y diabólicas[16].

---

[15] RUSSELL, J. B., *Il diavolo e l'inferno tra il primo e il quinto secolo*, Milán, 1986, p. 151.
[16] DI NOLA, A. M., *op. cit.*, Roma, 1987, p. 11.

Bilmot, realizado por Collin De Plancy, J. A. S., Diccionario infernal

Según varios teólogos medievales, el diablo ha estado siempre dentro del hombre ya que, tal y como también afirma la tradición bíblica: «Los designios del corazón del hombre son malvados desde su niñez» (Génesis 8-21).

Sobre este punto, el *Talmud* babilónico es muy claro: «El impulso maligno es como una mosca situada entre los dos orificios del corazón. El hombre tiene dos riñones, uno que le inclina al bien, en la derecha, y el malvado en la izquierda» (Ver 61b).

Pero el diablo también podría no ser más que «la personificación de la vida pulsional inconsciente», como sostiene Sigmund Freud, padre del psicoanálisis. Sobre esta interpretación el psicoanálisis moderno ha dicho mucho, pero en realidad la figura del diablo nunca ha perdido su atávica aura de malignidad casi salvaje, que lo relaciona con un universo perverso, lleno de símbolos en muchos casos tan antiguos como el hombre.

El diablo *antiluz* es, por antonomasia, la criatura mentirosa que engaña con adulaciones que llevan a la perdición, así como su aspecto cambiante, que puede ser horripilante y monstruoso o convertirse en un hombre joven y atractivo, como se afirma en los testimonios de brujas.

En el terreno terminológico, *diablo* corresponde a aquel que se pone de través y se indica frecuentemente como calumniador, acusador, enemigo.

El gran enemigo

Satanás es el nombre del diablo que aparece mayoritariamente en la tradición religiosa y literaria (véase el capítulo «La tradición judeocristiana»). En hebreo, la raíz *stn* significa «oponerse» y «acusar». En la traducción griega del Antiguo Testamento, Satanás se traduce por *diabolos* y el verbo *diaballo* significa «separar, acusar, calumniar, engañar».

Satanás aparece sobre todo en el Nuevo Testamento, en donde se le identifica con el dragón infernal que Jesucristo ve caer del cielo (Lucas 10, 18), sobre el que domina el poder de los discípulos y de los apóstoles (Lucas 10, 19); pero también es el tentador de Jesús (Mateo 4, 10; Marcos 1, 13) y el que causa dolores físicos a los hombres (Lucas 13, 16). Además, Satanás tiene un reino propio, espacial y temporal (Mateo 12, 26; Marcos 3, 26).

El poder de Satanás consiste en inducir a la tentación por medio del engaño. Por este motivo, se refiere a él como el ser malvado que «se disfraza de ángel de luz» (2.ª Carta a los corintios 11, 14).

También sabemos que la figura de Satanás ha accedido a la realidad celeste de Dios (Job 1, 6-12; 2, 1-7).

Como ya se ha dicho, durante mucho tiempo el nombre de Satanás apareció en los textos escrito en minúscula, como si fuera un nombre común. Más tarde, Satanás pasó a ser un nombre propio, bien identificado en el terreno antropológico, quizá en relación con una distinción más clara, en la conciencia de Israel, entre el bien y el mal.

Azazel, *realizado por Collin De Plancy, J. A. S., Diccionario infernal*

Baalzebub, Señor de las moscas

Uno de los nombres más conocidos que caracterizan al diablo es Baalzebub (Baalzebul, Beelzebuth, Beelzabub, Beelzeboul, Belzebú), derivado de una antigua divinidad de Canná cuyo significado es «Baal es el príncipe» (Baal es una divinidad semítica, cuyo nombre corresponde a «señor» y también a «dueño»).

En el 2.º Libro de los Reyes, Baal aparece como «dios de Accaron»; contra este culto se opuso el profeta Elías (1, 1-18).

En el Nuevo Testamento, los fariseos acusan a Jesucristo de practicar exorcismos en el nombre de Baalzebub (Mateo 12, 14): es una contradicción que Jesús puso en evidencia dirigiéndose a los escribanos: «¿Cómo puede Satanás echar a Satanás? Si un reino está dividido en sí mismo, aquel reino no puede existir» (Marcos 3, 24).

Baalzebub también recibe el apelativo de «dios mosca» o «dios de las moscas»; la raíz semítica *zvl*, «estercolero», ha hecho que se tradujera Baalzebub por «señor del estercolero».

Dante lo sitúa en el fondo del infierno: «Está allí abajo por Belzebú alejado» («Infierno» 34, 127).

De todos modos, hay muchas interpretaciones de esta figura demoniaca y casi siempre se basan en la tradición apócrifa. Milton, en *El paraíso perdido*, indica que Satanás reconoce a Baalzebub como «querubín caído» (I, 157). Articulada y un po-

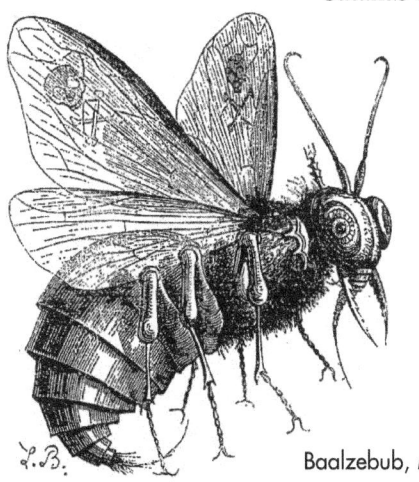

Baalzebub, *realizado por Collin De Plancy, J. A. S., Diccionario infernal*

co fantasiosa es, en cambio, la descripción que da Jacques Albin Simon Collin De Plancy (1794-1881).

> Príncipe de los demonios según las divinas escrituras: primero por poder y por delitos después de Satanás [...]. Casi todos los demonómanos consideran a Belzebú el soberano del imperio de las tinieblas. Cada cual lo pinta según el capricho de su propia imaginación. Milton le da un aspecto majestuoso, y su rostro emana una gran sapiencia. Uno dice que es alto como una torre, el otro que tiene la misma estatura que nosotros. Algunos lo imaginan con el semblante de una serpiente, y hay por último quien lo ve en forma de mujer. El monarca del infierno, dice Palingenes, en *Zodiaco vitae*, tiene una estatura prodigiosa. Sentado en su trono inmenso, con la frente envuelta con una tira de fuego, el pecho lleno, el rostro hinchado, los ojos hinchados, las cejas altas y la expresión amenazadora. Sus orificios nasales son muy anchos, y dos grandes cuernos se elevan sobre su cabeza. Es negro como un moro, lleva dos grandes alas de murciélago pegadas en los hombros, y tiene dos largas patas de pato, una cola de león y el pelo largo hasta los pies.
> Unos dicen que Belzebú es lo mismo que Príapo; otros, como Porfirio, lo confunden con Baco [...]. En las *Clavículas de Salomón* se ve como Belzebú se presentaba bajo semblantes monstruosos, como por ejemplo un ternero enorme, o una cabra con una larguísima cola. Con frecuencia aparece en forma de mosca extraordinariamente grande. Cuando es presa de la cólera, añaden, vomita llamas y aúlla como un lobo[17].

Encontramos un ejemplo singular de la utilización literaria de la figura de Baalzebub en la novela de William Golding (1911-1993), *El señor de las moscas* (1954), un éxito editorial que alcanzó los catorce millones de ventas sólo en inglés. El libro defiende la naturalidad del mal como impulso irrefrenable del hombre, que es una criatura imperfecta llevada por instinto a la violencia y al afán de poder.

La trama narrativa se desarrolla partiendo de un inicio no demasiado original: un grupo de niños y muchachos se encuentran en una isla desierta después de una catástrofe aérea. A continuación, la situación adquiere fuerza y propone una interpretación antropológica del mal muy pesimista, que expone con gran fuerza narrativa. El naufragio es la excusa para crear las premisas de una situación ideal, que sirve para experimentar una situación social fundamentada en la libertad natural. Poco a poco, cada miembro del grupo se deja vencer por un instinto agresivo y salvaje que apaga cualquier forma de colaboración y solidaridad.

[17] COLLIN DE PLANCY, J. A. S., *Diccionario infernal*, 1818.

Jerarquías infernales

Entre los siglos XV y XVII, los demonólogos no sólo se centraron en los poderes del diablo, sino que empezaron a ocuparse también de los aspectos exteriores y de las actividades específicas de los demonios. Sus fuentes estaban constituidas sustancialmente por las creencias populares y las interpretaciones proporcionadas por estudiosos y teólogos.

Una de las fuentes principales estaba representada por la *Pseudomonarchia daemonum* de Johan Weyer (1515-1588), médico holandés alumno de Cornelio Agrippa. Weyer puede ser considerado uno de los estudiosos de la magia que ha sabido aplicar un método racional al estudio de la demonología.

Autor de *De praestigis daemonum et incantationibus ac veneficiis libri* (1563), en el que expresaba sus ideas sobre los demonios y sus relaciones con los hombres, Weyer elaboró su teoría herética sobre la brujería en el libro *De lamiis* (1577), en el que sostenía que las brujas eran mujeres enfermas que debían ser curadas y no quemadas.

La tesis progresista de este médico, estudioso de las ciencias ocultas, fue duramente criticada por el gran acusador de las «mujeres de Satanás», Jean Bodin, que en su libro *La demonomanie des sorciers* (1580) rebatió ferozmente las hipótesis del *De lamiis*. Pero Weyer no se dejó impresionar por la argumentación de

El dios infernal Moloch, príncipe del país de las lágrimas (grabado del siglo XVII)

su acusador, conocido jurista, y escribió *Pseudomonarchia daemonum* (Basilea 1577) como apéndice de su obra principal.

En dicho apéndice pasa revista a 69 demonios, pero el autor precisa: «He omitido voluntariamente algunas voces, para eliminar totalmente la ocasión para el pecado»[18].

Weyer afirmaba con cierta ambigüedad que no había compilado todos los nombres de los demonios para que el libro no pudiera ser utilizado por los magos. Este hombre, tan racional y lúcido, ante una gran obra de magia decidió, prudentemente, hacer inocuo cualquier listado demoniaco. La fuente utilizada como referencia fue el *Legemeton*, «*Pequeña clave*», un libro de magia práctica de tradición hebraica, que contenía un listado de 72 demonios y exponía detalladamente las operaciones mágicas para evocar las entidades demoniacas. Prescindiendo de los aspectos filológicos sobre las fuentes del *Pseudomonarchia daemonum*, nos detendremos en algunas partes especialmente importantes para nuestro discurso. Las 69 entidades compiladas están descritas en algunos casos con aspecto humano, otras son híbridas, otras tienen importantes similitudes con animales; además, no faltan lo que el autor define genéricamente como monstruos.

Es más reciente la relación elaborada por De Plancy en su *Diccionario infernal*. De Plancy fue un autor muy conocido en Francia en su época, por su línea polemista y anticatólica, y sobre todo por el planteamiento iluminista que sustentó su estudio. Su nombre está ligado a una producción literaria en la que predominan temas relacionados con la religión, el folclore y el esoterismo.

Dos ejemplos significativos son el *Diccionario de las reliquias y de las imágenes milagrosas* (1821), y el citado y famosísimo *Diccionario infernal* o *Repertorio universal* (1818), que fue publicado por vez primera en Turín, Italia, en 1876, en ocho volúmenes (a cargo de Carlo A. Valle). En 1836, De Plancy se convirtió al catolicismo más estricto y este cambio espiritual motivó el surgir de una producción literaria acorde con su nueva visión religiosa. Recordamos las *Leyendas de la Santa Virgen* (1861) y una nutrida compilación, veinticinco volúmenes, de vidas de santos realizada con la colaboración del abad J. P. Migne.

La relación de los diablos redactada por De Plancy en el *Diccionario infernal* incluye más de dos mil voces sobre las creencias, supersticiones, magia, esoterismo y folclore, pasado y contemporáneo al autor. La obra se presenta como un archivo curioso, repleto de anécdotas, y en el que se mezclan indisolublemente la historia y la leyenda.

En lo que respecta a los demonios, el autor se refiere a menudo a la obra de Weyer *Pseudomonarchia daemonum*, de la que toma algunas ideas, aunque también añade otras propias y apunta numerosas referencias históricas, provenientes —como se decía entonces— del mundo de los salvajes y del mundo exótico.

El panorama resultante contiene muchas curiosidades para el hombre de hoy, que valora la fragilidad de la estructura teológica de referencia, y advierte el peso fuerte y dominante de la tradición esotérica y ocultista de la época que vivió De Plancy.

---

[18] WEYER, J., *Pseudomonarchia daemonum*, a cargo de P. Pizzari, Milán, 1994.

A continuación, veremos una relación de los demonios más significativos que constituyen las jerarquías infernales, redactada compulsando algunos de los autores que anteriormente habían tratado esta singular categorización. Naturalmente son descripciones sin ningún valor teológico, a veces incluso un poco cómicas, pero que tienen la virtud de indicar hasta qué punto el hombre es capaz de imaginar el universo diabólico, atravesado a menudo por imágenes provenientes de la mitología, de las religiones antiguas y naturalmente de la fantasía.

Esta lista no incluye a Satanás ni a Belzebú, de los que ya hemos hablado anteriormente.

Abigor
Gran duque de la monarquía infernal. Sesenta legiones obedecen sus órdenes. Está representado en forma de apuesto caballero armado con una lanza, una bandera y un cetro.

Abrahel
Demonio súcubo que tienta sexualmente oculto detrás de diferentes máscaras.

Adramelech
Gran canciller de los infiernos. Aparece en forma de mulo o de pavo.

Agares
Duque del infierno; se presenta como un hombre anciano montado en un cocodrilo y con un halcón en la muñeca.

Akton
Demonio que causa a los hombres dolor en la espalda y en las costillas.

Alastor
Demonio ejecutor supremo de las sentencias del monarca infernal.

Alleborith
Demonio que atormenta a los hombres con trastornos físicos.

Alocero
Gran duque del infierno, que enseña los secretos de la astronomía y de las artes liberales; tiene a sus órdenes a treinta y seis legiones.

Alrinak
Demonio que genera las tormentas.

Alastore

Amduscias
Gran duque del infierno. Tiene el aspecto de un unicornio, pero cuando es evocado, se muestra sólo en forma humana.

Amone
Marqués del imperio infernal. Tiene el aspecto de un lobo con cola de serpiente. Vomita llamas y dirige cuarenta legiones.

Amoyone

Amduscias

Amoug
Es uno de los principales emisarios de Arimane. Se encarga de sembrar la discordia en las familias y las guerras entre los pueblos.

Amoyone
Demonio que gobierna la parte oriental del infierno.

Amy
Gran presidente del infierno, que aparece con aspecto humano.

Anakim
Demonio que tiene el aspecto de un gigante.

Anamelecco
Demonio oscuro portador de malas noticias.

Ananel
Tiene el aspecto de un asno con alas.

Anarazel
Uno de los demonios encargados de la custodia de los tesoros subterráneos; hace aparecer los espectros e inspira terrores nocturnos.

Andrai
Marqués del infierno, representado con un cuerpo de ángel y cabeza de búho, lleva un sable en una mano y monta un lobo negro.

Androalfo
Conoce la geometría y está al mando de treinta legiones.

Anneberg
Es el demonio de las minas: «Un día mató con su aliento a doce operarios que trabajaban en una mina de plata de la que era el guardián».

Arimane
Príncipe del infierno que «un día deberá morir».

Arioch
Demonio de la venganza.

Asmodeo
Demonio de la destrucción. Para algunos sería la antigua serpiente que sedujo a Eva.

Astarote
Gran duque del infierno. Aparece como un ángel muy sucio, cabalgando en un dragón infernal y con una víbora en la mano derecha.

Asmodeo

Astarote

Astarte
Esposa de Astarote.

Azalee
Es uno de los ángeles más próximos a Lucifer en el acto de la rebelión.

Baalberith
Demonio de «segundo orden», conservador de los archivos del infierno.

Baalsefone
Capitán de los guardias o centinelas del infierno.

Bael
Es uno de los reyes del infierno. Tiene tres cabezas: una de sapo, otra de hombre y una tercera de gato.

Balan
Otro de los reyes del infierno con tres cabezas: de toro, de hombre y de chivo.

Barbudo
Demonio que guarda el secreto de la piedra filosofal.

Batis
Demonio que tiene al mando sesenta legiones. Tiene el aspecto de una víbora.

Bechard
Demonio que tiene el poder de generar granizo y tormentas.

Behemoth
Demonio que induce a los vicios de la gula.

Belfagor
Demonio que aparece bajo el falso aspecto de una mujer joven y bella que dispensa favores para inducir al pecado.
Cuando no aparece con semblantes femeninos, Belfagor se muestra horripilante en su imagen.

Berith
Demonio evocado por los nigromantes.

Bifronte
Demonio que se presenta en forma de monstruo e intenta enseñar astrología a los hombres.

Belfagor

Botis
Demonio que toma forma de gran serpiente con dientes y cuernos.

Buer
Demonio que tiene el aspecto de una estrella de mar.

Bune
Tiene la forma de un dragón con tres cabezas, de las que sólo la tercera es parecida a la de un hombre.

Byleth
Es uno de los reyes del infierno que tiene a su mando ochenta legiones.

Caacrinolaas
Demonio parecido a un perro con alas de buitre, tiene a su mando treinta y seis legiones.

Camos
Demonio del orgullo, miembro del consejo infernal.

Cax
Demonio que roba en los hogares.

Caym
Demonio perteneciente a la clase superior, gran presidente del infierno, con apariencia de mirlo.

Ceculo
Pequeño demonio producido por una chispa que saltó de la fragua de Vulcano en el seno de Lisboa.

Cimeries
Demonio grande y poderoso, marqués del imperio infernal. Manda «en el territorio africano, enseña gramática, lógica y retórica».

Clauneck
Demonio que domina sobre los bienes y las riquezas, y permite descubrir tesoros ocultos a quienes pactan con él.

Dantalian
Demonio que enseña a los hombres algunas ciencias que luego les inducirán a sentirse superiores a su Dios.

Decarabia
Demonio que tiene la prerrogativa de aparecerse en forma de estrella de diez rayos.

Eurinomo
Demonio superior, príncipe de la muerte; tiene dientes grandes y largos, un cuerpo espantoso cubierto de llagas, y viste con una piel de zorro.

Flauros
Gran general del infierno. Es parecido a un león con ojos de fuego.

Focalor
General del infierno, parecido a un hombre con alas de buitre.

Forcas
Caballero, gran presidente del infierno. Tiene el aspecto de un hombre anciano pero vigoroso.

Eurinomo

Foriero
Marqués del infierno con apariencia de monstruo marino.

Furfur
Demonio con apariencia de ciervo alado y con cola de serpiente que eructa llamas.

Gaap
Demonio que genera el odio entre las gentes; si quiere también puede generar enamoramiento.

Gamygyn
Tiene el aspecto de un caballo e intenta suscitar en los hombres la pasión por la magia.

Glasylabolas
Instiga al delito y se presenta como un perro alado.

Gomory
Duque del infierno; tiene la apariencia de una mujer con una corona ducal en la cabeza y cabalga en un camello.

Gorson
Demonio que los hombres sólo pueden ver a las nueve de la mañana.

Gusoyn
Tiene el aspecto de un camello con cabeza de perro, distribuye honores y riquezas a quien decide seguirlo por la vía del mal.

Halphas
Gran conde del infierno que se muestra bajo la apariencia de una cigüeña.

Ipes
Demonio bastante ecléctico, ya que puede presentarse en forma de ángel o de león con cabeza y patas de oca y cola de liebre.

Leonardo
Demonio de primer rango, gran maestro de los aquelarres, jefe de los demonios subalternos. Tiene apariencia de chivo con tres cuernos en la cabeza, orejas de zorro y con un rostro en la nuca.

Magoa
Es uno de los demonios más poderosos. Se dice que era uno de los más evocados por las brujas.

Maimon
Jefe de la novena jerarquía de los demonios, capitán de los tentadores.

Malphas
Tiene el aspecto de un cuervo.

Mammone
Demonio de la avaricia.

Marbas
Aparece en forma de león, pero en presencia de un exorcista adopta apariencia humana.

Marchocias
Gran marqués del infierno que se deja ver en forma de un lobo feroz, con alas de buitre y cola de serpiente.
   Vomita llamas.

Marthym
Demonio en forma de hombre robusto con cola de serpiente y que monta un caballo blanco.

Martinez
Demonio que acompañaba a los magos.

Minoson
Demonio que hace ganar en todo tipo de juegos.

Moail
Demonio que tiene la virtud de hacerse invisible.

Moloch
Príncipe del país de las lágrimas, miembro del consejo infernal.

Morax
Tiene el aspecto de un toro, enseña magia a los hombres.

Mullin
Demonio de un orden inferior, primer camarero de Belzebú.

Murmur
Demonio que cabalga a lomos de un buitre.

Nymmas
Demonio que se insinúa en los sueños.

Orias
Demonio que tiene la apariencia de un león y por cola una serpiente; enseña a los hombres las artes censuradas por la religión.

Orobas
Gran príncipe del infierno que se presenta con el aspecto de un buen caballo.

Oze
Tiene forma de leopardo y produce alucinaciones y locura.

Paymon
Demonio que tiene apariencia humana y monta un dromedario.

Procel
Demonio que provoca las tormentas. Tiene apariencia de un ángel.

Pruflas
Gran príncipe y gran duque del imperio infernal. Suscita la discordia, hace estallar guerras, peleas y provoca la mendicidad.

Pursan
Gran rey del infierno que aparece en forma humana con la cabeza de león; cabalga sobre un oso.

Raum
Se presenta en forma de gran pájaro negro y tiene el poder de destruir las ciudades.

Romwe
Figura demoniaca monstruosa que tiene el poder de favorecer el conocimiento de los idiomas.

Sabnac
Demonio que infecta las heridas.

Scox
Aparece en forma de cigüeña y propicia la mentira.

Seere
Monta un caballo alado.

Sidragasum
Induce a las mujeres a llevar una vida mundana.

Stolas
Gran príncipe del infierno con apariencia de búho.

Sytri
Demonio que tiene apariencia de hombre con alas. Tiene el poder de generar la lujuria en las mujeres.

Stolas

Thamuz
Demonio que al parecer propició la invención de las armas.

Vine
Demonio que por orden de los magos es capaz de destruir cualquier cosa que haya sido construida por el hombre.

Volac
Tiene el aspecto de un chico con alas de ángel y monta un dragón.

Wall
Duque del infierno importante y poderoso con aspecto de dromedario.

Xezbeth
Demonio que suscita visiones extraordinarias.

Zaebos
Gran conde del infierno que se aparece como un soldado a lomos de un cocodrilo.

Zagam
Gran conde del infierno con aspecto de toro con alas de buitre. Tiene el poder de convertir el agua en vino, el plomo en plata y el cobre en oro. Le obedecen treinta legiones.

Zazelo
Demonio que desentierra los cadáveres para roer sus huesos.

Zepar
Gran duque del imperio infernal que conduce a los hombres a las pasiones infames. Veintiocho legiones le obedecen.

Dos diablos famosos

Astarote y Arael, dos diablos que encontramos en las presuntas jerarquías infernales, tienen a sus espaldas una serie de episodios que transcurren entre los hombres.
El primero debe su nombre a la diosa fenicia Astarte, y aparece citado varias veces en el Antiguo Testamento como un demonio venerado por los pecadores (1.er Libro de los Reyes 12, 10). Astarote es un demonio que ha servido de modelo para algunos personajes infernales de la literatura. En Milton encontramos a la diosa Astoreth, y en *La reina de Saba* de H. Hosenthal (1875) tenemos una Astaroth esclava de la mítica soberana.
Azael es un protagonista en la literatura apócrifa veterotestamentaria, y también aparece, aunque con un nombre legendario modificado (Azazelo) en *El maestro y Margarita* de Mikhail Afanesevich. Otro innovador en la moderna ciencia ficción es Bulgakov (1891-1940). Isaac Asimov (1920-1992) utilizó el nombre de un cierto Azael para una de sus narraciones (1980).

El bestiario diabólico

La serpiente astuta

«La serpiente era la más astuta de todas las fieras». Con este encabezamiento, el Génesis (3, 1) hipoteca fuertemente la simbología de la serpiente, que con el episodio de la tentación de Eva da una fisonomía exacta del mal. Como ya se ha dicho, de este modo el Génesis (3, 14) da, sin ninguna explicación, una forma objetiva al mal, lo hace visible físicamente, le da un aspecto que pasará a formar parte de la tradición como la fisonomía más típica del diablo.

> Entonces, el Señor Dios dijo a la serpiente:
> ¿Por qué has hecho eso?,
> maldita seas entre todos los animales
> y entre todas las fieras de la estepa.
> Sobre tu vientre deberás caminar
> y polvo deberás comer
> todos los días de tu vida.

Presente en muchas religiones, y a menudo relacionada con el culto de las aguas, la serpiente es depositaria de características simbólicas opuestas. Por un lado, está la estrecha conexión con el universo malvado. Por otro lado, su capacidad de ser expresión de la fertilidad y de la generación. Por este motivo, su vínculo con Eva no está totalmente fuera de lugar.

> Las relaciones entre la mujer y la serpiente son multiformes, pero en ningún caso pueden explicarse globalmente con un simbolismo erótico simplista. La forma de la serpiente tiene múltiples valencias, y una de las más importantes es su regeneración[19].

---

[19] Eliade, M., *Trattato di storia delle religioni,* Turín, 1976, p. 174.

En esta página y en la siguiente, figuras demoniacas hindúes del siglo XVIII

Sin duda es muy significativo que la «Señora de los animales» *(potnia theròon)* proponga un modelo iconográfico —la diosa que pisa las serpientes— próximo a la esfinge de la Virgen María victoriosa sobre el demonio. Según una migración habitual de símbolos, la representación propone el triunfo del Verbo, apoyándose en un estereotipo muy antiguo, pasado también al ámbito cristiano a través del simbolismo de la Diosa Madre mediterránea.

La mitología medieval ha propuesto en repetidas ocasiones la serpiente como híbrido, convirtiéndola en una figura similar a un reptil de origen diabólico. Un ejemplo que reproduce este modelo es la famosa Melusina, hada y mujer-serpiente, muy utilizada por el cristianismo para indicar la encarnación del mal.
Así la define Paracelso (1493-1541):

> Melusina era una ninfa poseída por el espíritu del mal; conocía muy bien la brujería y participaba en sus ritos. Consecuencia de ello fue una superstición según la cual se convertía en serpiente cada sábado. Este es el precio pagado a Belzebú para que la ayudara a encontrar marido. Además, fue ninfa en carne y sangre, pudo tener hijos y dejó sus semblantes para ir a vivir con los hombres.

Pero la serpiente es, sobre todo, la raptora de la inmortalidad y no sólo en la tradición cristiana. En la epopeya babilónica de Gilgamesh, por ejemplo, el héroe se adueña de la planta de la vida, y una serpiente se la roba.

Una contribución fundamental en la demonización de la serpiente deriva de su simbolismo fálico. Es emblemático que la serpiente de Esculapio, venerado en Roma, fuera considerada una terapia excelente contra la esterilidad.

> La serpiente como símbolo de la penetración está ligada al conocimiento, pero esta palabra en el lenguaje bíblico tiene el doble sentido que sabemos. La serpiente del Génesis conoció a Eva, e introdujo el pecado en ella, al tiempo que le reveló la sexualidad, aunque esta introducción puede adquirir también un sentido figurado[20].

Según algunos textos rabínicos, la relación con la serpiente creó en Eva las menstruaciones, marcando objetivamente el paso del estatus de niña al de mujer. En esta misma línea se sitúa la interpretación de Jung, según la cual la antigua costumbre griega de someter a las chicas a la prueba de la virginidad evocaba precisamente la tradición rabínica. Esta práctica consistía en hacer bajar a las muchachas a una gruta en donde había una gran serpiente venenosa: si el reptil las mordía, quería decir que ya no eran castas.

> Es lógico que el tema iconográfico de la mujer atormentada por la serpiente tuviera mucho éxito en la Edad Media, una época en que existía un fuerte rechazo a la lujuria, simbolizada por una mujer desnuda a la que una serpiente mordía el pubis, mientras que un sapo le devoraba los senos[21].

---

[20] CLÉBERT, J. P., *Animali fantastici,* Milán, 1990, p. 292.
[21] MALE, E., *L'Art religieux au XII siècle*, París, 1956, p. 193.

El sustrato maléfico de la serpiente no debe atribuirse sólo a la demonización bíblica. Tenemos numerosos testimonios en este sentido, también en culturas muy alejadas entre ellas. La pitón egipcia Apofis era símbolo del mundo de las sombras e intentaba detener el nacimiento del sol. Pero la serpiente también era expresión de la revolución del mortal contra la divinidad. Por ejemplo, las serpientes nacidas de la sangre de los Titanes se rebelaron contra Zeus; por otro lado, dos serpientes intentaron estrangular a Hércules infante, etc.

> La serpiente de Ecate, Ishtar y Artemides, símbolo de la fuerza y de la sabiduría subterráneas, imagen viviente del ciclo lunar sin fin que se enreda y se deshace como la fertilidad de la tierra y la fecundidad de la mujer [...].
> Más tarde, el simbolismo se invierte y la serpiente se convierte en un símbolo de Ptah [...]. Pero la serpiente femenina sobrevive en los cultos órficos y dionisiacos, sobre todo cuando (antes de Jesucristo) estos se hacen más femeninos. Es precisamente importante constatar el retorno de lo femenino al culto del falo. Las bacantes se adornan la cabeza con serpientes, y en las ceremonias dionisiacas se transporta un cesto llamado *kisté* en cuyo interior había una serpiente. En los sarcófagos que presentan escenas báquicas, Pan abre el cesto con su zueco y la serpiente se yergue por encima de la tapa abierta[22].

Disfrazado de serpiente o con sus modificaciones naturales (reptil, dragón, etc.), el diablo se ha relacionado frecuentemente con varios santos, que siempre le vencían. El modelo básico tiene su origen en el conocido episodio de San Pablo en Malta (*Actos de los apóstoles* 28, 3-6):

> Cuando Pablo echó al fuego la leña seca que había recogido, una víbora, al notar el calor, saltó fuera y se le enganchó en la mano. Y cuando los indígenas vieron la bestia que le colgaba de la mano, dijeron entre ellos: Este hombre es un homicida, porque aun habiendo escapado del mar, la justicia divina no lo deja vivir.
> Pero Pablo, se sacudió el animal y lo tiró al fuego, sin sentir ningún dolor. Ellos se esperaban que se le hincharía o que caería muerto inmediatamente. Pero después de esperar largo tiempo y ver que no le ocurría nada malo, cambiaron de parecer y empezaron a decir que era un dios.

En la hagiografía popular hay muchos santos de quienes se dice que salvaron determinadas regiones de la invasión de serpientes y reptiles. En general, el triunfo de tal o cual santo equivale al triunfo del cristianismo sobre el paganismo,

---

[22] CAMBY, P., *La mistica dell'eros*, Génova, 1994, p. 75.

arraigado en territorios dominados por los cultos de la naturaleza y físicamente expresados con el reptil. Normalmente, las serpientes y los monstruos derivados están confinados en cavernas, dando a entender la idea de prisión de lo maligno, tal como describe Juan en el Apocalipsis.

La serpiente aplastada: ¿un error teológico?

Muchas personas recordarán las muchas vírgenes, más o menos naif, que en santuarios, iglesias y capillas aplastan a la serpiente tentadora. Unas veces con pobres sandalias, pero otras muchas con pies desnudos. Es un estereotipo iconográfico que forma parte de la cultura cristiana, un poco folclórica y en ocasiones un poco *kitsch*, pero siempre signo de una tradición ininterrumpida. En ocasiones habremos visto, especialmente en los altares de los antros rocosos convertidos en ábsides de pequeñas iglesias rurales, a niños y mujeres que depositaban flores para los muertos y alguien, al atardecer o al alba, daba un límpido ex voto concluido en el misterio de su anonimato.

Podemos ver este estereotipo en la *Madonna dei palafrenieri* de Caravaggio, o en el simbolismo con rasgos esotéricos del arte renacentista. Pues bien, todo esto es fruto de un error filológico, como destacó Juan Pablo II. En efecto, el verso del Génesis en donde se profetiza la llegada de alguien que aplastaría la cabeza del mal ha sido mal interpretado hasta nuestros días. No debía ser la Virgen María quien le aplastara la cabeza, sino su hijo, que vencerá a Satanás. La serpiente, eterno derrotado, ¿debería retirarse de debajo del pie de la Virgen para volver a ser un animal rechazado y perdido? Pero el Papa tranquiliza al respecto:

> Dado que la concepción bíblica establece una profunda solidaridad entre el padre y su descendencia, es coherente con el sentido original del pasaje la representación de la Inmaculada que aplasta la serpiente, no por virtud propia sino por la gracia del Hijo.

Así pues, esa fe que necesita ser vista no pierde uno de sus símbolos más característicos y la extensa iconografía de la Virgen que aplasta la serpiente puede ser considerada in extremis conforme a los dogmas.

Animales diabólicos

Según una tradición muy difundida, algunos animales siempre han sido considerados más idóneos que otros para representar al diablo: chivo, gato, sapo, serpiente y lobo son los más frecuentes. Sin embargo, Satanás puede adoptar cualquier forma animal sin ningún problema. De ello estaba convencido Giordano da Bergamo, un teólogo e inquisidor del siglo XV, que en su obra *Quaestio de stringis* destacaba:

Por ejemplo, [el diablo, N. del A.] puede componer la figura de cualquier cosa que tiene el color de una gata, una mona, un caballo u otro animal del estilo, cosa que también se produce de un modo doble: el mismo diablo, densificando el aire y los vapores a modo de nube, forma un cuerpo similar al de un animal, y después de hacerlo suyo, lo mueve siguiendo los movimientos propios de tal animal.
Entonces, cuando esto ocurre, no se trata de una ilusión de los ojos de quien ve, porque es cierto que los ojos ven realmente una cosa de color, aunque resultan engañados por la conversión en acto de la sustancia conocida de aquella cosa. En definitiva, el sentido que percibe el objeto no es engañado, pero puede resultar engañado por la conversión en acto del objeto, tal y como afirma Aristóteles.

El diablo blanco

En el parque nacional de Triglav, cortado por el torrente Moznica y encerrado entre los montes Rombon y Jerebica, los animales ocupan la mayor parte del espacio, y también lo hacen en las leyendas. Una de las más conocidas es la del corzo blanco, del que se dice que no teme al hombre y que, por tanto, se presenta como una criatura en ciertos aspectos «superior» a los otros ejemplares de su especie.

Se dice que este animal trae desgracia a los cazadores, especialmente a los que intentan darle caza. Además, parece que a lo largo de los años recuerda los agravios sufridos y guarda un rencor inagotable.

Otro motivo que acompaña a este animal es su origen sobrenatural. Bajo el blanco pelaje podría esconderse una criatura femenina, transformada en corzo por los artificios de una bruja malvada. En algunos casos, la intervención del cazador puede desbloquear la situación y devolver a la muchacha el aspecto humano. Cuentan otras tradiciones que bajo aquel pelaje se oculta el propio Satanás. Este animal imprevisible también recibe el nombre de «Gran diablo blanco».

En esa región, se cuenta que un viejo cazador salió a cazar un domingo por la mañana en lugar de acudir a misa. Pasó mucho tiempo persiguiendo a la imprevisible Zlatorog, el corzo blanco más codiciado, hasta que se perdió entre las rocas de la montaña. Y allí arriba murió, sin que nadie lo haya podido encontrar nunca.

Otra leyenda propia de la zona de Triglav es la del cazador que, persiguiendo al corzo blanco, se dio cuenta de que el animal era misteriosamente insensible a los disparos de su fusil. Al perseverar en la caza, acabó encontrándose en un saliente rocoso del que no podía subir ni bajar. Después de haber dejado al desgraciado cazador en aquel trance, el animal desapareció. Muchos campesinos del lugar acudieron en su ayuda, pero no hallaron soluciones para rescatarlo. Entonces, el hombre pidió que le mataran con un disparo para no morir en la agonía. Y así fue, mientras el párroco le daba la extremaunción, un cazador le pegó un tiro.

Esta leyenda, pese al paradójico epílogo, es una demostración muy concreta de la demonización de los cornudos salvajes, pero sobre todo nos parece una clara expresión del miedo atávico que suscita este misterioso corzo blanco, en este parque montañoso incontaminado.

El temible chacal

Frecuentemente, Anubis se asocia erróneamente con el mundo demoniaco. Señor absoluto de las necrópolis, jefe de los embalsamadores, dios supremo del mundo de ultratumba, era una figura que infundía terror a los egipcios, porque representaba una intensa expresión de la muerte y de su nefasta aura oscura.

Anubis, que velaba las tumbas, tenía el aspecto de un chacal (o de hombre con cabeza de chacal), animal que naturalmente rondaba alrededor de las sepulturas. Fue una divinidad funeraria anterior a Osiris, como confirman numerosos escritos grabados en las tumbas más antiguas, antecedentes incluso de las pirámides.

En algunos papiros funerarios, Anubis aparece representado mientras asiste al «pesaje de los corazones», a punto de abalanzarse sobre su víctima en caso de que la operación desvelara que el difunto no tenía un alma pura, y resultara condenado a las penas más terribles que le reservaba el más allá.

Anubis, dios de ultratumba, representado con cuerpo humano y cabeza de chacal

En la prehistoria de la religión egipcia, Anubis también era venerado como dios local de Kynopolis «ciudad del perro», pero su posterior función, relacionada con las prácticas funerarias, hizo olvidar esta denominación.

En el mito de Osiris, Anubis aparecía representado como el embalsamador de los restos mortales del dios. A partir de esta prerrogativa se fue consolidando la definición de «jefe de la divina sala de embalsamamiento» y, por consiguiente, se convirtió en el patrón de los embalsamadores.

No se conoce con exactitud el origen del nombre de esta divinidad, pero paradójicamente, si pensamos en su función, su fonética sugiere el significado de «perrito». En los textos de las pirámides estaba claramente relacionado con la «tierra de los muertos», que se encontraba en Occidente, en donde tenía la misión de «contar los corazones».

En el Nuevo Reino se afirmó la imagen de Anubis como un perro de guarda que vigilaba el ataúd y la tumba. En algunas representaciones sostiene una llave, probablemente porque también recibía el nombre de «Señor que abre la caverna», en donde por caverna se entiende «ultratumba», el lugar oscuro de los muertos. Es un concepto típicamente egipcio, pero que influyó en la religión judeocristiana.

El gran dragón Illuyankas

La mitología de los hititas, un pueblo que penetró en Anatolia aproximadamente en el año 2000 a. de C., aunque su origen todavía es objeto de discusión entre los especialistas, propone una visión particularmente interesante sobre la derrota del Mal en manos del Bien, con analogías con el Apocalipsis de San Juan.

El demonio Illuyankas se describe como un gran dragón (parecido precisamente al del Apocalipsis) que es destruido por el dios del Tiempo con una estratagema.

> La historia presenta dos variantes: en la primera, el dios del Tiempo se lleva inicialmente la peor parte, y recurre a la estratagema de hacer intervenir al héroe mortal Hupasiyas, que logra adormecer a Illuyankas por medio de un copioso banquete con bebidas embriagantes, después del cual se puede pronosticar la derrota del monstruo.
> En la segunda variante, subsiste una referencia a una primera fase de la lucha, que acabó mal para el dios del Tiempo, al cual el dragón extrae el corazón y los ojos. Pero luego, cuando el hijo semihumano del dios (nacido de su relación con una esclava humana) pide por esposa a la hija del monstruo, pretendiendo como dote el corazón y los ojos arrancados a su padre, tontamente, Illuynakas accede a la petición. El dios del Tiempo, nuevamente en condiciones de luchar, consigue esta vez imponerse al monstruo y darle muerte[23].

En esta versión del mito encontramos, además del símbolo del dragón, también el tema del enfrentamiento entre el dios del Tiempo (el Bien) que lucha y mata a Illuyankas (el Mal): una experiencia muy extendida en los mitos y en las religiones, que alcanzó su punto álgido en el conocido episodio entre San Jorge y el dragón.

Las vicisitudes del demonio Illuyankas, representado como el gran dragón derrotado por el dios del Tiempo, recuerdan el enfrentamiento entre San Jorge y el dragón, extensamente tratado en la iconografía occidental

[23] IZZI, M., *Dizionario illustrato dei mostri,* Roma, 1989, p. 179.

El diablo en el arte

La creatividad de los artistas, desde la Edad Media, tuvo la necesidad de representar al diablo.

En un principio, esta exigencia estuvo dictada por la respuesta que dio la Iglesia a los fieles al dibujar el «verdadero» rostro del mal, y posteriormente esta imagen pasó a formar parte de la historia del arte, y se convirtió en un símbolo, en una especie de icono.

Pero si tanto en la literatura como en la música el diablo es principalmente una criatura sibilina y ambivalente, en el arte figurativo se representa como un individuo más definido desde el punto de vista simbólico, ya que sus representaciones están dominadas por la monstruosidad y por todos los atributos que ponen de relieve su maldad.

En las manifestaciones del arte paleocristiano, la iconografía del mal es prácticamente inexistente.

Esta carencia no debe sorprendernos, porque todo lo que se conserva de aquel periodo proviene sobre todo de las catacumbas, en donde las representaciones demoniacas no tenían cabida en las escenas que expresaban la estrecha relación entre las almas de los muertos y el cielo.

Todo parece indicar que la representación cristiana más antigua de un demonio es la que encontramos en una miniatura del Evangelio de Rabula, realizada en Siria en el 586.

En la imagen aparecen, por un lado, Jesucristo efectuando una bendición, y por el otro dos hombres de los que está saliendo el diablo. Es evidente que son dos poseídos. La criatura infernal está representada por un hombrecillo negro con alas.

Desde el arte cristiano del norte de Europa al arte románico, se fue consolidando el rostro del diablo a través de una continua metamorfosis de figuras de la mitología y de criaturas surgidas de la fantasía de los artistas.

Así se pasó de un demonio parecido a un mosquito (quizá una referencia al aspecto de Baalzebub), que tienta a Jesucristo en el pináculo en el *Libro de Kells*, a las representaciones híbridas de Satanás con atributos animales y de otras criaturas fruto de la imaginación.

En el fondo, como ha señalado Georges Tavard:

> La mentalidad medieval parece saturada de demonios. No hay más que recordar la imaginación de Dante que, a principios del siglo XIV describió el infierno con todo lujo de detalles. Durante toda la Edad Media se multiplican las descripciones escritas y las representaciones artísticas[24].

En un primer análisis de la iconografía diabólica, se constata que desde el siglo XI al XIII los diablos presentaban algunas peculiaridades típicas de los sátiros paganos. Por otro lado, hasta el siglo XIV no faltaron influencias de la cultura bizantina, mientras que en el románico, especialmente en la escultura, se afianzó el tema de la serpiente tentadora.

La monstruosidad del diablo alcanzó su apoteosis en el arte gótico, y encontró múltiples posibilidades expresivas en las decoraciones de las catedrales, en donde los símbolos satánicos a veces aparecen mezclados con modelos mitológicos, como por ejemplo el dragón.

A partir del siglo XIV, con Giotto (1267-1337), el diablo fue objeto de algunas hibridaciones que tendían a conformarlo con las características típicas del murciélago. Dichas peculiaridades, según el parecer de los expertos, son de influencia oriental[25].

Por último, a partir del siglo XVI, el diablo adquirió una fisionomía más definida, que es la que ha prevalecido en la tradición occidental.

Con la contribución de los místicos, la iconografía del diablo se convirtió en una presencia recurrente en toda la tradición cristiana, aunque marcada por un fuerte sincretismo, cada vez ajustándose menos a un modelo definido y estandarizado.

Un aspecto es innegable: Satanás, con todas sus máscaras, así como su escuadrón de demonios que forman la jerarquía infernal, desempeña el papel de antagonista y propone una imagen opuesta a la verdad y la misericordia.

El observador moderno quizá pueda percibir esta representación rodeada de un aura un poco caricaturesca, pero no debemos olvidar que en los siglos en que fueron realizados, estos demonios provocaban miedo y tenían el poder de aterrorizar, dejando entrever un paisaje infernal en el que, tal y como escribió Hildegarde di Bingen (1098-1179), «había un lago con una abertura, como el agujero de un pozo, de donde salía un humo ardiente y hediondo».

En el *Hortus deliciarum* de Herrard von Landsberg (siglo XII) encontramos la representación de la rebelión de Lucifer. La obra es especialmente significativa porque, a diferencia de muchas otras realizaciones análogas en las que el personaje no tiene una fisionomía precisa, aquí aparece indicado nítidamente que Lucifer es el príncipe del infierno *(Lucifer ut Satanas)*.

Sobre el tema de la caída debemos recordar la bóveda de la catedral de Friburgo (siglo XIV), en donde Lucifer aparece retratado mientras se precipita aga-

---

[24] TAVARD, G., *Satana,* Milán, 1990, p. 138.
[25] BALTRUSAITIS, J., *Il medioevo fantastico,* Milán, 1973, pp. 158-194.

rrando el trono con los brazos. Aquel trono será su aposento en el infierno, del que se convertirá en príncipe y jefe antropófago de aquel reino del dolor.

Ejemplos significativos que merecen ser recordados son el mosaico del *Juicio final* del baptisterio de Florencia (siglo XIII), el fresco de Giotto sobre el mismo tema en la capilla de Padua (1301-1310). Cuando el diablo sale del infierno para recorrer los caminos del mundo, la iconografía no registra cambios: su rostro es muy reconocible, a pesar de ocultarse tras las máscaras que utiliza para tentar a hombres y santos. Un buen ejemplo de ello es el grabado de Alberto Durero (1471-1528) que lleva por título *El caballero, la muerte y el demonio* (1513), en donde el Señor de las tinieblas tiene un aspecto inconfundible: hirsuto, el cuerpo cubierto de serpientes y el rostro deformado por una mueca. El tema del tentador encuentra su punto apoteósico en las muchas representaciones de la historia de Fausto, quien vende su alma al demonio.

En la pintura, aunque menos frecuentemente, Satanás puede tornarse en el adulador de tradición literaria, como en *Las tentaciones de Cristo* (1570) de Tintoretto (1518-1594), en las que el príncipe del mal no tiene un aspecto muy diferente del de los ángeles del paraíso.

Entre los siglos XV y XVIII, en particular en el norte de Europa, las representaciones de Satanás y de sus demonios son cada vez más espantosas, como se aprecia en las obras de pintores como M. Grünewald (1480-1528), H. Bosch (1450-1516), L. Cranach (1472-1553) y muchos otros.

Son muy impactantes los demonios realizados por Luca Signorelli (1445-1523) en la capilla de San Brizio, en la catedral de Orvieto. Se trata de la representación del caos que, con una fuerza extraordinaria, logra reconstruir el drama del sufrimiento de los condenados, y es enfatizado por el escuadrón de diablos encargados de torturar a los pecadores, siguiendo un estilo pictórico muy influenciado por la tradición escatológica.

Lucifer entra en la iglesia

Como hemos visto, las manifestaciones artísticas, y en particular las medievales, han condicionado la idea que cada uno de nosotros se ha formado sobre el aspecto del demonio. En las paredes de muchas iglesias hay metros y metros cuadrados de frescos que representan el infierno y las penas a las que son sometidos los pecadores.

Se trata de un patrimonio de gran importancia que va desde las apoteosis de Coppo di Marcovaldo (1225-1280) y de Luca Signorelli (1445-1523) hasta las menos conocidas y anónimas representaciones de Satanás y de los demonios presentes en muchas iglesias y santuarios de zonas rurales.

El terreno de cultivo en el que se consolidó esta tradición pictórica definida como *popular* tiene su origen en la simbiosis de experiencias culturales diferentes, en las que confluyeron tendencias orientadas hacia la formación de un lenguaje artístico sustancialmente didáctico.

La cultura eclesiástica, con su función catequística dirigida especialmente al pueblo, la cultura filosófica accesible a las clases cultas y la cultura caballeresca,

En las declaraciones de las brujas ante la Inquisición, surge con frecuencia la confesión del beso de las participantes en el sabbat en el ano del diablo

con sus prerrogativas laicas y carentes de compromiso intelectual, conviven en estrecho contacto en la dimensión pictórica de estas representaciones infernales populares.

El estilo que caracteriza estas obras es el de una iconografía claramente «infantil», que hunde sus raíces en una búsqueda continua de uno o varios elementos capaces de captar la atención del observador.

Casi como una gran exultación, o como en las estrofas de los juglares, los ciclos pictóricos populares de tema demoniaco producen una sensación que lleva a un espacio parecido a un paisaje medieval. El texto pictórico, como en la escenografía en las representaciones teatrales, se expande sin solución de continuidad; el presbiterio, las paredes y los arcos eran similares a muchas escenas situadas en torno a los fieles.

Las palabras del sacerdote, como los gestos del actor, se fundían en el espacio real-imaginario de los distintos pasajes del fresco, evidenciando los puntos principales y acentuando su poder divulgativo.

Así se creó una dimensión escénica que, como en las representaciones teatrales, no estaba influida por imposiciones ni limitaciones ligadas a la narración, aunque se concretizaba en los espacios mentales de los espectadores, que se adecuaban a las condiciones impuestas por el texto de la pintura medieval.

Igual que en el teatro, cuando el espacio no era suficiente para garantizar una reconstrucción escénica lineal, el espectador tenía que saber adaptarse a los cambios representativos, sintetizando las carencias de la narración:

> Había una convención por la cual, en el curso de una representación, los espectadores debían olvidar todas las demás escenas, excepto la referente a la acción que se representaba en aquel momento: si la escena era demasiado estrecha para poder abarcar a todos los actores que tomaban parte de ella, algunos se colocaban en el suelo delante del escenario, y entonces el público tenía que imaginar que aquello formaba parte del escenario [...]; por otro lado, si un actor tenía que realizar un viaje imaginario de una escena a otra, el suelo que pisaba se imaginaba que representaba, a escala reducida, el espacio entre dos lugares imaginarios muy alejados. Así, por ejemplo, en *Adán*, los demonios que salen del infierno corren dando vueltas por *plates* (es decir, por la plaza) antes de acercarse al Paraíso para tentar a Eva. La platea estaba, en otras palabras, por todas partes[26].

Los frescos que representan las penas del infierno o los muchos rostros de Satanás, no deben leerse como una célula aislada, sino como parte de un organismo viviente.

Este organismo se extendía en una estratificación cultural típicamente popular, y tenía la función de objetivar la fe de un público que pedía un asentimiento continuo del mensaje cristiano.

Constantemente atormentado por las carestías y las enfermedades, el pueblo encontraba en la iglesia la ocasión para tonificar el espíritu y para imaginar, en un plano antropológicamente definible, el premio y el castigo final. La pintura recuerda modelos escatológicos populares, transformándose en discurso en la colectividad, que aprovechaba sin reservas arquetipos comunes en los que estaban siempre presentes los miedos del grupo.

La iconografía infernal proponía una dimensión en la que el pintor y los propios espectadores se encontraban inmersos en una única realidad, en donde las penas representadas parecían casi un preludio de los tormentos, probablemente ordenados jerárquicamente, situadas más allá de las insaciables fauces del monstruo. Estas, siempre abiertas, solían ser, en las representaciones pictóricas medievales del infierno y en las representaciones sagradas, el símbolo del acceso al lugar en donde tenía la morada Satanás.

Encontramos referencias análogas en el arte medieval, desde la miniatura hasta la escultura, en donde el dragón-engullidor era interpretado como entrada al infierno, desempeñando una favorable función de síntesis dialéctica.

---

[26] NICOLL, A., *Lo spazio scenico. Storia dell'arte teatral*, Roma, 1966, p. 63.

Una indicación importante sobre dicha característica de la iconografía diabólica nos llega gracias a Lancre, que en su cuadro *Tableau des mauvais anges* (1613), reproduce las afirmaciones de una muchacha de trece años acusada de brujería. Marie d'Aguerre propone una dimensión del sabbat ciertamente influenciada por la tradición pictórica medieval: «Declaró que en dichas asambleas había una gran boca en medio del sabbat, de donde sale el diablo en forma de chivo, que al salir alcanza un tamaño espantoso, y cuando concluye el sabbat, vuelve a entrar en la boca».

Las representaciones pictóricas del infierno son a menudo continuas reconstrucciones, en las que las referencias a los *mystères* franceses, y a una cierta iconografía recogida en modestos librillos que circulaban con frecuencia durante el siglo XV, son un elemento de comprobación que no puede ignorarse. Los «misterios» son representaciones teatrales medievales que estaban todavía ligados a los temas bíblicos, a pesar de que:

> Su gama era mucho más amplia y el diálogo se producía en los dialectos comunes de cada lugar. Nacieron así las compilaciones informes de dramas conocidos con el nombre común de *miracles* o *mystères* o representaciones sagradas, que hoy en día se describen como misterios cíclicos[27].

El aspecto de los demonios que aparecen en estas composiciones está diversificado y condicionado por toda una serie de referencias al micromundo del folclore. Casi siguiendo una jerarquía propia, con grados y funciones de distinta naturaleza, los torturadores de los condenados tienen pies palmados o garras parecidas a las de las grandes aves predadoras, cuerpos velludos o escamosos con colores oscuros y claros o incluso manchados, ojos terribles, barbas ásperas, cuernos, colmillos, colas y uñas. Todos, por sus aberturas naturales, emanan llamaradas.

La hibridación de los demonios sugiere un vínculo evidente con los mitos de los bailes de máscaras, o mascaradas, que entraron a formar parte del folclore ya en la Edad Media y fueron perseguidas por la Iglesia.

Las causas que motivaron la combinación máscara-demonio son numerosas y profundas, debidas sustancialmente al miedo del hombre por todo lo que se esconde detrás de una imagen que no corresponde al aspecto primitivo del ser.

La demonización del disfraz se acentuó en el seno del cristianismo original, cuando la máscara se asoció con el demonio y con su capacidad por cambiar continuamente en sus intentos de apartar al hombre del recto camino.

Al entrar en el folclore, la máscara no hizo más que corroborar la fuerza del paganismo en las tradiciones populares que, desde el punto de vista de la Iglesia medieval, era un auténtico receptáculo del demonio. Es significativo, en este sentido, el testimonio de Cesario de Arles (siglo VI):

---

[27] *Ídem, op. cit.*, Roma, 1966, p. 58.

> Cuando llega la fiesta de las calendas de enero, os alegráis estúpidamente, os volvéis borrachines, os divertís con juegos obscenos [...]. Si no queréis participar en su pecado colectivo [el de quien estaba directamente involucrado en los festejos, N. del A.], no permitáis que vengan en cortejo ante vuestras casas, disfrazados de ciervos, brujas o cualquier otro animal; negaos a darles el aguinaldo, reprobadles, corregidles y, si podéis, no dejéis que actúen así.

Cada criatura infernal de estos vastos complejos pictóricos es distinta a otra. A menudo, la diferencia está en pequeñas diferencias estilísticas, condicionadas por un repertorio cultural y local caracterizado por una especie de vernáculo simbólico.

La imagen del demonio embrutecido por las hibridaciones, hecho monstruoso por el resurgimiento de manipulaciones formales de divinidades paganas y con la complicidad de una cierta tradición apocalíptica, se caracteriza por una especie de estandarización formal que encontramos en todas las religiones.

El arte medieval ha sido el que ha dado más resonancia al diablo en todas sus peores manifestaciones: tentador, adulador, torturador, carnicero, lascivo amante disfrazado de flor de pureza, chivo infamante, amante desenfrenado, ávido promotor de banquetes y bebidas colosales.

Cuernos, patas de cabra, ojos de brasas y falos parecidos a armas dominan en los ciclos de los frescos, mientras que el antiguo tentador juega sus cartas con los débiles ilusos, o desahoga su impotencia en todos los que han creído en las mentiras servidas como una posible verdad.

El arte ha convertido al diablo en protagonista, en la misma medida en que el hombre lo ha convertido en un actor principal, ha objetivado su presencia, le ha atribuido las connotaciones más violentas, recuperándolas en parte de la mitología y de las revisiones que la cultura popular ha querido proponer sobre este ser inmortal, que siempre está dispuesto a dilacerar los proyectos votados al Señor de la luz.

Pocos diablos en los iconos

El arte del icono constituye un patrimonio cultural e histórico de gran importancia. Tiene su origen entre los siglos V y VI, pero tiene su momento álgido después del II Concilio de Niza (722), cuando la iconoclasia fue oficialmente abolida.

En el icono se presta una especial atención a la figura de los ángeles, mientras que la iconografía demoniaca está claramente limitada. Es importante la presencia de los arcángeles Miguel y Gabriel, y, en cambio, Satanás y su corte son más bien raros. Los encontramos limitadamente en las representaciones de la resurrección de Jesucristo, en el Juicio Final y en el enfrentamiento de San Jorge (o San Demetrio) con el dragón.

Criaturas demoniacas caracterizadas por mutaciones sorprendentes e hibridaciones espantosas forman parte del universo monstruoso típico del pintor holandés (El Bosco, 1500 aprox.)

El Bosco y sus demonios

El denominado *arte demoniaco* de Occidente tiene uno de sus mayores exponentes en Hieronymus Bosch *El Bosco* (1450-1516).

> A Jerónimo van Aken, llamado El Bosco, pintor residente en Bois-le-Duc, en concepto de un gran cuadro de 9 pies de altura y 11 pies de anchura. Deberá ser un juicio de Dios que presente Paraíso e Infierno: lo que el señor le ha encargado para su noble placer. Por eso se le adeuda la cantidad de 36 liras.

Con esta fría y burocrática fórmula contractual, el 25 de septiembre de 1504, Felipe II adelantó la cantidad de 36 liras a Jerónimo Bosch para que realizara un Juicio Final, una de las especialidades de este misterioso pintor que vivía de la gestión económica de las rentas familiares; un buen burgués que llevó a la pintura todas las instancias de un inconsciente capaz de derrumbar los frenos inhibidores y recrearse sembrando inquietud, angustia, terror y visiones, fruto de las pesadillas más aterradoras. En su ciudad de origen, St. Hertogenbosch (Bois-le-Duc), el joven Bosch, hijo de arte, fue capaz de sublimar cualquier vínculo con la tradición de los van Aken, hasta alcanzar una posición totalmente insólita en el mundo del arte, suspendida entre lo posible y lo imposible, en donde el velo de la incertidumbre parece envolver todos los temas, todos los indicios estériles de esperanza.

La suya fue una vida normal, marcada por la gestión del patrimonio acumulado y por una experimentación pictórica en la que los modelos más típicos del arte cristiano se van coagulando en torno a temas como la herejía, la magia negra, la alquimia. Pero sobre todo el itinerario estético se ciñe alrededor de las continuas instancias de un hombre que, efectivamente, no entendió dónde estaba la línea divisoria entre el bien y el mal, entre lo posible y lo imposible, entre el ser y el no ser. Además, parece como si todo lo que no era visible por la mirada humana fuera para El Bosco objeto de profundo interés.

La interpretación de su obra aparece a menudo deformada por una crítica que en el pasado quiso ver en Jerónimo Bosch al representante de sectas oscuras, un adepto secreto al sabbat, un hijo del demonio capaz de verter en la materia cromática las atmósferas infernales. Un artífice capaz de dimensionar —diabólicamente—, en el espacio limitado del cuadro, las hipótesis improbables de *otro* mundo dominado por el placer y la lujuria, un imperio de los sentidos *ante litteram,* en el que el pecado se esconde detrás de las estalactitas de la adulación.

Sin ser impermeable a la influencia de la cultura religiosa de su tiempo, siempre en búsqueda de chivos expiatorios y sobre todo atormentada por el espectro de la herejía, El Bosco transfiguró los monstruos del pecado en obras como el *Tríptico del Juicio Final* (1500), el *Tríptico de las tentaciones* (Lisboa, 1505) y otras igualmente conocidas. Pero también, siguiendo el modelo de una alegoría en auge, nos probó brillantemente con *La nave de los locos* (1480), en el que aparece con toda su evidencia la decadencia moral del clero. En todo y en todos, el diablo es una presencia constante y dominante.

Es el caso del «Infierno musical» que forma parte del *Tríptico de las delicias*, en el que el autor alcanza una autonomía poética insuperable. Hermetismo alquímico, satanismo, doctrinas religiosas ortodoxas y relecturas esotéricas parecen azotar constantemente nuestra racionalidad, dejándonos envueltos en profundas dudas. El tono dulce de la fábula se une a la violencia de la invectiva y de la evocación del misterio religioso. El aspecto mítico del humanismo aparece aquí revigorizado por toda una serie de referencias simbólicas, que en la práctica parecen asignar al tríptico un papel especialmente evocador, hijo de aquel neopaganismo renacentista al que a veces se refieren algunas manifestaciones artísticas de los siglos XV y XVI. En las caras externas de las escenas laterales del tríptico está representada «La creación del mundo» con el escrito: *«Ipse dixit et facta sunt. Ipse mandavit et creata sunt»* (Salmos 33, 9). La composición muestra el planeta todavía envuelto por la atmósfera primigenia velada de niebla, según una interpretación que no reproduce precisamente la bíblica (Génesis 2, 4-6), sino que es muy próxima a la luterana, «ya que el señor Dios todavía no había hecho llover en la tierra y no había hombres para cultivar el suelo, pero un vapor se alzaba de la tierra y humedecía toda la superficie».

En cambio, la versión de la *Vulgata* era: «Ya que el señor Dios todavía no había hecho llover en la tierra y no había hombre que la trabajara, pero una fuente subía de la tierra e irrigaba toda la superficie».

El tríptico abierto representa el «Paraíso terrenal» (imagen de la izquierda), el «Jardín de las delicias» (imagen central) y el «Infierno» (imagen de la derecha).

Del paraíso toman forma los modelos iconográficos que permitirán la formación de hibridaciones turbadoras en los otros compartimentos, que sirven para soportar las múltiples intenciones didácticas de las imágenes siguientes.

Pero mientras en el compartimento de la derecha nos parece observar un bestiario medieval, hábilmente elaborado alrededor de dos núcleos centrales, la creación de Adán y Eva y la fuente de la vida, en el «Jardín de las delicias» el discurso pictórico adquiere tonos elevadísimos, huyendo de una calibrada recomposición exegeta que pretende atenerse a modelos filológicos que se ajustan estrictamente a la historia del arte.

El maravilloso macrocosmos de las delicias de El Bosco, que debe observarse bien, es un falso paraíso, un mundo similar al que se encuentra en las crónicas de los primeros viajeros medievales, peregrinos en búsqueda de improbables mundos dorados.

En la realización del «Jardín» de El Bosco, tuvo una influencia nada secundaria el *Voyage de Jan de Mandeville*: una obra heterogénea que se formó de otras fuentes y fue escrita hacia el 1356 por Jehan de Bourgogne.

Especies humanas, animales y vegetales se compenetran en el intento de crear una simbiosis entre el principio de salvación cristiana y la búsqueda del equilibrio esotérico, que se relaciona con el simbolismo de muchas religiones antiguas.

Es como si El Bosco hubiera querido representar los peores aspectos del hombre con un lenguaje de fácil comprensión, accesible incluso en el paroxismo que gobierna el recorrido pictórico.

El tema de la lujuria mediada por múltiples engaños iconográficos domina la tabla central, en la que un incontenible desfile de pecadores potenciales se entrega a todo tipo de transgresiones, entre múltiples presagios de lujuria, en donde el erotismo más desenfrenado parece adelantar demandas de sacralidad.

Grupos de hombres y mujeres, cortejos, animales exóticos y fantásticos, improbables uniones antropo-zoo-fitiformes y estructuras desconocidas con formas al límite de lo sugestivo, todo ello instalado en el mecanismo de un inconsciente elevado a escenificación, creando las mil historias de esta «sagrada» representación profana, que da cuerpo a la nostalgia del paraíso primordial evocando una perfección formal exenta de corrupciones terrenales.

Para reequilibrar la elevación total del «Jardín de las delicias», El Bosco concluye la composición con la representación del Infierno más escenográfica, que en la tabla de la derecha abre claramente un nuevo capítulo, revalorizando el concepto de pecado y asignándole su papel habitual.

En este infierno de El Bosco encontramos las mutaciones más sorprendentes e hibridaciones espantosas, que se relacionan con un universo monstruoso típico del pintor holandés. Es un espacio terrible, en el que los vicios capitales están hábilmente enmascarados por la voluptuosidad de la compaginación que vela sus ecos.

Los versículos del *Deuteronomio* (32, 23-24) son adecuados para caracterizar el infierno que El Bosco pintó con la intención de glosar, con gran profundidad humana, las falsas hipótesis auguradas en el «Jardín de las delicias».

> Acumularé en ellos los males, mis flechas agotaré contra ellos: serán devastados por el hambre, devorados por la fiebre y por la pestilencia maligna; los dientes de las bestias mandaré contra ellos, con el veneno de las que se reptan en el polvo...

Los simbolismos negativos se suman a los herméticos, creando un programa figurativo en el cual la angustia prevalece y la caducidad de los bienes terrenales se muestra en toda su dimensión efectiva.

Monstruos, caballeros devorados por los basiliscos, religiosas con extrañas cofias asociables a las de las sacerdotisas de Baal, partes anatómicas y objetos de dimensiones innaturales, un escuadrón incalculable de gentes e híbridos, perturbados por la incontenible búsqueda de lo imposible, forman una especie de anfiteatro en donde los puntos focales de la perspectiva infernal son tres.

El primero está representado por Satanás que, sentado en un trono junto a un pozo sin fondo, devora condenados y los expele en una burbuja sin escapatoria.

El segundo está representado por un misterioso hombre-árbol, cuyas raíces se apoyan en dos navíos, lo cual se presta a diferentes interpretaciones: el arquetipo del «árbol de la vida» que se funde en los mitos exóticos de los «vegetales humanos», hasta las interpretaciones medievales surgidas en torno a la mandrágora y a sus múltiples poderes. El tercer punto está constituido por la presencia de

Diversas representaciones del dragón, desde siempre símbolo del mal. En la época medieval, el dragón representaba más específicamente al paganismo, que debía ser destruido a toda costa

numerosos instrumentos musicales, en los que los condenados conocen posteriores y originales tormentos.

San Miguel, inspirador de artistas

La puerta de bronce de San Miguel, en Monte Sant' Angelo, muestra a Lucifer con una inscripción que lo define como «*draco*» y con las semblanzas de un diablo encadenado que se enfrenta al arcángel San Miguel. Hay que señalar que la relación entre este ángel y el diablo-dragón viene de lejos.

La figura del arcángel Miguel (Mi ka-'el), es decir, «¿Quién es como Dios?», es hoy objeto de muchas devociones por parte de muchos peregrinos que visitan los numerosos lugares de culto dedicados a esta importante figura de la devoción cristiana.

El arcángel Miguel es el tercero de los ángeles que la Biblia indica con sus nombres (Daniel 10, 13; Judas 9). Miguel es el protector de los judíos, «el príncipe que vigila a los hijos de su pueblo» (Daniel 11, 1), «el ángel de Jahwe» (Zacarías 3, 2-1), que se enfrenta al poder de las tinieblas representado por Satanás, defendiendo la Iglesia (Apocalipsis 12, 7-19).

Por estas prerrogativas dogmáticas, el arcángel Miguel fue caracterizado como un luchador, convirtiéndose en el modelo del ángel militar, tal y como testimonian muchas obras del arte cristiano. Su actividad está descrita claramente en el Apocalipsis (20, 1-3), en el que Miguel y su ejército celeste relegan para siempre a Satanás a las tinieblas, de las que no podrá salir jamás:

> Luego vi un ángel que descendía del cielo llevando en una mano una llave del Abismo y una gran cadena. Sujetó al dragón, la serpiente antigua, aquello a lo que llamamos diablo o Satanás, y lo encadenó durante mil años; luego lo echó al Abismo, lo cerró y le puso el sello, para que no pudiera seducir nunca más a las gentes hasta que se hubiesen cumplido los mil años, cuando debería ser abierto, pero por breve tiempo.

En tanto, Santo Tomás observaba: «Miguel es el aliento del Espíritu Redentor que, al final del mundo, combatirá y destruirá el Anticristo, como hizo con Lucifer en los orígenes».

En muchas pinturas y esculturas, el diablo, derrotado por San Miguel, está representado como un dragón porque es el aspecto que enlaza con la anterior descripción dada por Juan en el Apocalipsis, y también porque el dragón es la figura mítica que ha encarnado desde siempre el mal y el pecado.

El dragón es una representación de una especie de caos inconsciente atávicamente activo en nuestra psique por medio de un aparato simbólico. Tanto si es el eterno castigador del Apocalipsis, como si es el gran reptil capaz de escupir llamas de la épica medieval, el dragón siempre representa la bestialidad carente de todo vínculo con lo humano. Expresa el mal primitivo que ha conservado, en su propia estructura antediluviana, la energía en la que están contenidos los cuatro elementos principales. Debemos añadir que en la tradición artística medieval, la entrada del Infierno se representaba frecuentemente con una boca abierta de dragón. Para el cristianismo, la bestia inmunda era la alegoría de un paganismo que debía ser destruido o, por lo menos, relegado a ámbitos restringidos y periféricos, como en el Apocalipsis, en el que la derrota del dragón anticipa el anuncio de una nueva era.

La cabalgata de los vicios

En la pintura medieval, que tenía como tema la representación del Infierno, aparecen de forma recurrente reconstrucciones de los vicios capitales, expresados en el plano iconográfico por algunos temas figurativos estereotipados. Por ejemplo:

- la soberbia puede ser representada por un hombre con una espada a lomos de un león;
- la avaricia es una mujer vestida con trapos, la bolsa del dinero ajustada contra el pecho y sentada sobre un perro;
- la lujuria es una mujer sobre un chivo, en la mano izquierda sujeta un espejo y con la derecha se levanta la falda;
- la envidia es una mujer que oculta el rostro cabalgando en un felino de pelaje moteado;
- la gula es un hombre a lomos de un zorro, que bebe y lleva en la mano un espetón;
- la ira es un hombre que se traspasa la garganta cabalgando en un lobo;
- la pereza está representada por un hombre tumbado sobre un asno.

Un monje ciego guiado por los vicios capitales (grabado de Sebald Behan, 1500-1550)

El diablo imaginado en la filosofía y la literatura

El Romanticismo fue un periodo en el cual la figura del diablo fue especialmente exaltada en la literatura, y ello fue debido al hecho de que esta criatura estaba considerada un espíritu rebelde que se adecuaba al sentido poético de los escritores y artistas de la época.

> [El Romanticismo] es el momento en que la imagen del diablo, que a partir de la Edad Media había estado casi apartada de la literatura, por lo menos en Francia, reaparece, adquiere su patente de nobleza y se impone de un modo tan autoritario que son pocos los grandes autores que no le reservaron un lugar en su obra[28].

También debemos recordar que el Romanticismo fue un periodo en que muchos intelectuales mostraron un gran escepticismo ante valores religiosos. Esta corriente surgió como reacción a la Ilustración racionalista del siglo XVIII, abriéndose así en dirección a temas ligados con la mitología y la fantasía (el término *romantic*, aparecido en Inglaterra a mediados del siglo XVII, designaba «algo fantástico, irreal»).

Pero mientras el diablo se convertía en protagonista de numerosas obras de escritores y poetas, en el ámbito de la especulación filosófica el Señor de las tinieblas y el intricado universo constituido por el tema del mal y el pecado eran objeto de discusión y disputa entre los filósofos.

Las disputas filosóficas

Para Augusto Comte (1798-1857) el demonio era el estadio más bajo de la evolución intelectual humana. Este filósofo dividía el progreso en tres estadios: teo-

---

[28] MILNER, M., *Satana e il romanticismo,* Turín, 2000, p. 8.

Presuntos retratos de diablos

lógico (intento de entender a través de la revelación), metafísico (intento de entender mediante la lógica) y positivo (intento de entender con los instrumentos de la ciencia).

Para Ludwig Andreas Feuerbach (1804-1872) el diablo era un símbolo, fruto de una especulación alegórica sin base objetiva alguna, un argumento que utilizó en su lucha contra el cristianismo.

Kierkegaard (1813-1855), por el contrario, destacaba que la poca importancia concedida a la imagen del diablo por influencia del positivismo había provocado en gran parte una trágica pérdida de vista del problema del mal.

Joseph de Maistre (1753-1821) llegó a la conclusión de que el demonio existía y, en su tiempo, había fomentado los pensamientos revolucionarios contra el antiguo régimen, que llevaron desorden social y moral.

Las representaciones en la literatura romántica

Mientras los filósofos se debatían en la espiral de ideas, los escritores confiaban en las emociones, dando espacio a lo imaginario y dejando a símbolos y alegorías la función de modelar sus obras de arte.

Aunque de modo incoherente en el plano filosófico, muchos intelectuales románticos, en total oposición con la Iglesia, pensaron que si el diablo se consideraba el enemigo del cristianismo, en consecuencia debía ser bueno.

En este sentido, el diablo se convertía en un instrumento para un desafío imaginario en el que Satanás se convertía en una especie de héroe: un personaje solo contra el mundo, audaz, rebelde y siempre en oposición contra la sociedad que se retorcía en sí misma persiguiendo los valores burgueses.

El diablo era muy similar al artista romántico. Sin embargo, no era el mal en sí lo que se celebraba, sino el símbolo, considerado icono de un nuevo modo para estar libre de vínculos con modelos existenciales, cuyos impulsos vitales estaban originados por la ausencia de espiritualidad y búsqueda de la belleza y de la alegría de vivir.

> El uso romántico de Satanás pretendía ser un comentario serio y racional del principio del mal e, incluso cuando lo era, adolecía de cualquier base epistemológica que se basara en la lógica, la ciencia, la revelación, la tradición o la Biblia. Tanto si se es cristiano o idealista, materialista u hombre de ciencia, no se puede no encontrar dichas concepciones incoherentes y contradictorias. De todos modos, las ideas románticas sobre el demonio tuvieron poca influencia en el concepto concreto de este personaje. Hoy en día, se toma en consideración el concepto tradicional del diablo o la iluminística, pero casi nunca la romántica. Sin embargo, el Romanticismo ha dejado algunos indicios dramatizando el conflicto que existe en el espíritu del hombre entre el bien y el mal, y sacudiendo con fuerza el pensamiento cristiano de aquella especie de complacencia en torno al problema del mal.
> El Romanticismo sentó las bases para el despertar, en el siglo XX, de un verdadero interés teológico por el problema del mal[29].

---

[29] RUSSELL, J. B., *IL diavolo nel mondo moderno*, Bari, 1988, pp. 154-155.

La imagen demoniaca de Satanás, refiriéndonos a la imagen estereotipada y mayormente difundida, no estuvo ausente en la tradición literaria romántica, encontrando su expresión, sobre todo, cuando los temas de la «Edad Media oscura» fueron enfatizados por los artistas según una interpretación más fantasiosa que ajustada a la realidad histórica. Una fuerte influencia de esta actitud impregna el género literario *gótico*, un portaestandarte del moderno género de terror, que ocupa un lugar destacado en la literatura de entretenimiento. La principal obra de la novela gótica, y que ejerció una fuerte influencia en la literatura de su época, es *El monje,* de Matthew Lewis, escrita en 1796.

De hecho, se puede observar que la novela de terror ha influenciado a muchos autores románticos, de modo que los conceptos «gótico» y «terror» han acabado interrelacionándose en la historia de la literatura[30].

Otro exponente importante de la novela gótica es Edgar Allan Poe (1809-1849). En las tramas de sus narraciones, el demonio se ha adueñado del hombre, que se convierte en el protagonista absoluto de la celebración del pecado, de la furia homicida y de la locura.

En un plano totalmente diferente se sitúa la obra del poeta y pintor William Blake (1757-1827), para quien el bien está constituido por la inspiración artística y la creatividad. Para él, quien alimenta este fuego puede ser tanto Dios como Satanás. Según Blake, el acto creativo no está nunca alimentado por el mal, y por tanto, el artista, aunque esté inspirado por el diablo, siempre trabaja en dirección a la evolución espiritual.

La imagen típicamente romántica del universo satánico, aunque caracterizado por un aura muy original, es evidente en el poema de Blake *El matrimonio del cielo y del infierno*:

> En el abismo de los cinco sentidos, allí en donde un acantilado de lados lisos con la mirada enojada incumbe en el mundo presente, vi, envuelto en nubes negras, un poderoso diablo girando por la roca: con llamas corrosivas escribió esta frase que ahora las mentes de los hombres perciben y leen:
> No quieres entender que cada Pájaro que surca los caminos del aire es un universo de delicias, cerrado a tus cinco sentidos.

Al igual que Blake, también George Gordon Byron (1788-1824) se interrogaba profundamente sobre la naturaleza y el origen del mal, y se rebelaba contra el peso del pecado original:

> ¿Qué hemos hecho para tener que ser víctimas de un acto realizado antes de nuestro nacimiento, o tener que ofrecer víctimas para expiar este misterioso pecado sin nombre?

---

[30] PUNTER, D., *Storia della letteratura del terrore*, Roma, 2000, p. 17.

La complejidad de la relación entre el mal y los hombres está bien expresada en los versos de Byron, *Caín* (1821). En esta obra, la actividad de Lucifer se narra con gravedad, y a ella se contrapone la imagen de un Dios igualmente cruel. Caín está dominado por la inquietud del hombre, que la figura de Lucifer exalta, haciendo de fondo con aquella sublimación típica de la poesía romántica:

> Todo, todo pondré en discusión y mundo tras mundo,
> estrella tras estrella, universo tras universo,
> todo temblará sin reposo, hasta que acabe
> el gran conflicto, si alguna vez acaba,
> lo que nunca ocurrirá, hasta que o él o yo nos hayamos apagado...
> Él como un conquistador llamará malvados
> a los vencidos, pero ¿qué bien les traerá?
> Si yo fuera victorioso, sus obras decretaría
> ser las únicas malvadas.

Percy Bysshe Shelley (1792-1822) llegó a la utilización poética del símbolo del diablo después de una experiencia juvenil en el mundo de lo oculto. En su obra *Sobre el diablo y los diablos* (1821) domina la búsqueda de un sentido al problema del mal. El poeta al final no logra trazar una representación nítida del diablo, hasta el punto de convertirlo en una expresión exclusiva del mal absoluto, pero sí consigue convertirlo, en cierto sentido, en un arquetipo del héroe romántico que se levanta contra el estatismo de la existencia privada de pasiones y de deseo de progreso. Esta actitud se aprecia con claridad en la gran alegoría del *Prometeo liberado* (1820).

También hay elementos demoniacos en la escritura de la esposa de Percy Bysshe Shelley, Mary Shelley (1797-1851), que con el conocido *Frankenstein or the Modern Prometheus* (1817) pone de manifiesto el impulso del hombre en su voluntad de ocupar el lugar de Dios mediante el conocimiento científico. Al igual que el hombre, también la criatura del doctor Frankenstein se rebela contra su creador, pidiendo para sí mismo independencia y libre arbitrio.

Quien haya estudiado en profundidad las fuentes de Mary Shelley habrá visto que la escritora seguía con aprensión y fascinación las investigaciones de Erasmus Darwin (1731-1802), abuelo del célebre Charles. La mujer, que había leído su tratado de fisiología humana titulado *Zoomia* y los poemas *El jardín botánico* y *El tiempo de la naturaleza*, había quedado fascinada porque veía en aquel autor el prototipo perfecto de filósofo, en el que coexistía en perfecta simbiosis la lucidez del científico y la sensibilidad del poeta.

Debemos recordar que en aquella época corrían muchos rumores acerca de las investigaciones de Erasmus, y se decía incluso que había logrado devolver la vida a una porción de tenia. Mary, además, estaba al corriente de las experiencias sobre la electricidad animal llevadas a cabo por Galvani, en 1803 en Londres, con el cadáver de un ajusticiado: pretendía demostrar que mediante los estímulos nerviosos se podían dar algunos movimientos de vida a la carne muerta.

Los ecos de estas experiencias y la certeza de que la ciencia avanzaba en aquella dirección fueron, para Shelley, estímulos muy importantes que utilizó en la transposición literaria para exorcizar los miedos —no sólo suyos— suscitados por la búsqueda científica cuya meta parecía querer competir con Dios.

Un Dios que otros autores negaron, como Stendhal en su emblemática afirmación: «El único atenuante que tiene Dios es el de no existir». Pero ni tan siquiera el gélido ateísmo de Stendhal supo liberarse de la imagen del diablo, que en su obra *Rojo y negro* (1830) está encarnada por la inquietante figura de Julien Sorel. Entre los diablos literarios más típicos del romanticismo destacan los de Víctor Hugo (1802-1885), condicionado por la influencia de una primera conversión juvenil al catolicismo. El Satanás de Hugo está empapado de las influencias neomedievales que tienen su apoteosis en *Nuestra Señora de París* (1831) y tienen un papel determinante en la creación de una atmósfera gótica, de sentido mágico, de misterio y de brujería:

> Satanás es la avaricia; es un cerdo que devora la mente; es la embriaguez, el fondo oscuro de una taza vacía; es el orgullo que no tiene rodilla para arrodillarse; es el egoísmo que goza de la sangre en la que ha metido las manos; es el vientre, la horrible caverna en donde se desencadenan todos los monstruos que habitan en nuestro interior[31].

La transgresión existencial típica del artista romántico, que para el pensamiento burgués tenía en sí componentes demoniacos, se expresa en la obra de los denominados «poetas malditos», una definición creada por Paul Verlaine (1844-1896), que tuvo en Charles Baudelaire (1821-1867) la expresión más profunda, no sólo calibrada en valores eminentemente estéticos, sino dirigida también a la comprensión de la verdadera fisonomía del pecado. En la obra poética más importante de Baudelaire, que emblemáticamente se titula *Las flores del mal* (1857), el poder del diablo dentro de la experiencia humana está brillantemente expresada con las pocas e indicativas palabras de la introducción «Al lector»:

> Estulticia, error, pecado, avaricia
> ocupan nuestros espíritus y atormentan
> nuestros cuerpos [...].
> ¡Maneja el diablo los hilos que nos mueven!
> Una fascinación encontramos en todas las cosas
> repugnantes; cada día, sin horror,
> entre el hedor de las tinieblas, de un paso
> hacia el infierno descendemos...

---

[31] HUGO, V., *Postscriptum de ma vie,* 1852-1854.

En otra poesía encontramos algunos versos que dibujan nítidamente la figura del endemoniado:

> No hay fibra en todo mi cuerpo tembloroso que no grite: Oh mi querido Belzebú, te adoro.

El diablo como musa del artista triunfa en la obra y en la vida de Arthur Rimbaud (1854-1891), quien abandonó la actividad poética de muy joven después de haber dejado algunas obras de valor extraordinario. Tuvo una relación muy estrecha con Satanás, celebrado a través de una existencia votada al pecado y en búsqueda del arte por el arte, a cualquier precio.

Su compilación, que lleva un título muy indicativo, *Una estación en el infierno* (1873), está dedicada al diablo:

> Querido Satanás, os lo suplico [...] para vos que amáis en el escritor la ausencia de las facultades descriptivas e instructivas, yo arranco estas pocas y horrendas hojas de mi cuaderno de condenado.

El diablo está presente también en las extravagantes afirmaciones de Isidoro Ducasse (1846-1870) que, exaltando a De Sade, defendía la imposibilidad de reprimir el mal y la necesidad de perseguirlo, sin olvidar destacar que la crueldad es creativa y sobre todo signo de genialidad (*Los cantos de Maldoror,* 1868).

Para Ducasse había que dejar que el mal perturbara al hombre hasta aturdirlo y llevarlo hacia una vida dominada por la aniquilación de los valores auténticos de la existencia: una vida como la del capitán Achab, que persigue sin descanso al diablo-ballena y con él se precipita al infierno.

En Hermann Melville (1819-1891), Moby Dick es precisamente la representación simbólica del diablo que lleva al hombre a la perdición, hasta hacerle perder el sentido de la realidad, arrastrándolo a un remolino sin fin.

En el *Diablo enamorado* de Jacques Cazotte (1719-1792), Satanás se aparece al protagonista, Álvaro, bajo el aspecto de una bella joven, una representación distinta respecto al modelo recurrente, pero mediante el cual el Señor de las tinieblas mantiene su poder devastador.

También es el elemento femenino el que domina en *Aloa* de Alfred de Vigny (1797-1863): un ángel mujer devorado por una extraña pasión por Satanás, que es considerado digno de piedad y comprensión. Un personaje que es consciente del poder del que es depositario:

> Yo poseo la sombra silenciosa, y doy a la tierra
> la voluptuosidad del anochecer y los tesoros del misterio.

George Sand (1804-1876) en la novela *Consuelo* (1839) también confía a una mujer la función de intermediaria entre los hombres y Satanás, un ser que deja entrever todo su poder y que se muestra a través de una nítida reconstrucción, en la que se observan claramente los signos de su parcial y momentáneo triunfo:

> El más bello de los inmortales después de Dios, el más triste después de Jesús, el más orgulloso de los orgullosos. Arrastraba tras él las cadenas que había roto; y sus alas leonadas, desnudas y caídas llevaban los signos de la victoria y del cautiverio.

Milton: la gran pérdida

Un escritor cuya relación con el demonio ha sido siempre objeto de mucha atención, sobre todo por la importancia que concede a Lucifer, es John Milton (1608-1674).

Su nombre está asociado a una obra de extraordinario valor poético, *El paraíso perdido,* cuyo tema central es la expulsión de los ángeles rebeldes, Adán y Eva, del Paraíso terrenal.

Envuelta por un velo de misticismo, la biografía de Milton destaca por la renuncia de los intereses comunes que marcan la vida de un hombre, a favor de la total dedicación a la búsqueda poética. Fue un ferviente puritano, aplaudió la castidad (aunque se casó tres veces) y la celebración de Dios. En 1671 publicó *El paraíso perdido*, en el que la figura demoniaca aparece como metáfora de la condición humana.

El Satanás de Milton se caracteriza por aquellos tonos heroicos que ya hemos visto en otros autores románticos. En este sentido, es indicativa la afirmación de Lucifer que en el poema incita a los ángeles a la rebelión, llevando a cabo un acto para salvaguardar su dignidad: «Mejor reinar en el infierno que servir en el cielo...».

Representación de Satanás, grabado de Gustave Doré

La entrada del Infierno se cierra sobre los ángeles caídos, grabado de Gustave Doré

Sustancialmente, el diablo de Milton vuelve a ser un diablo con características de Prometeo que trabaja para el hombre intentando salir del caos de su propia condición imperfecta. A la analogía con Prometeo ya había recurrido Byron en su composición poética *Cielo y tierra* (1821).

También en el poema del anticlericalismo *Lucifer* (1877), de Mario Rapisardi (1844-1919), la figura del ángel caído se une a la de Prometeo, con la intención de «llevar la salvación a los hombres, y la muerte a Dios».

Carducci: Satanás el rebelde

En 1869, Josué Carducci (1835-1907) escribió, con el seudónimo de Enotrio Romano, el himno *A Satanás* que, a primera vista, parece estar conectado con el universo oscuro y demoniaco. En realidad, se sirve de la figura y de los aspectos simbólicos del demonio para hablar de temas diferentes de los exclusivamente infernales, como podría parecer a primera instancia.

> A ti, del ser / principio inmenso; / materia y espíritu / razón y sentido; / mientras en los cálices / el vino chispea / en el alma / como en la pupila; mientras sonríen / la tierra y el sol / y se intercambian palabras de amor; y corre un escalofrío / de himen arcano / de montes y palpita / fecundo el plano; / para ti desfrenaste / el verso osado; / te invoco, / oh Satanás, / rey del envite.
> ¡Fuera el aspersorio, / sacerdote, y tu metro! / No sacerdote, Satanás / no vuelve atrás.
> Mira: el óxido / corroe a Miguel / el espadachín místico; y el fiel / desplumado arcángel / cae en el vacío. / Helado está el rayo / a Jehová en la mano. Meteoro pálido, / planetas apagados, / llueven los ángeles / de los firmamentos. / Ni la materia / que nunca duerme, / rey de los fenómenos / rey de las formas, / sólo vive Satanás. / Él tiene el imperio / en el relámpago trémulo / de un ojo negro, / o que lánguido / huya y resista, / o acre y húmedo / provoque, insista. Brilla de los racimos / en la sangre deseada, / por lo cual la rápida alegría no

languidece, / que la huidiza / vida restaura, / que el dolor prorroga, / que amor anima.

Tú respiras, oh Satanás, / en el verso mío, / irrumpiendo en mi seno / desafiando al dios / de los reyes pontífices, / de los reyes crueles / y como rayo / sacudes las mentes.

A ti, Agramainio, / Adonis, Astarte, / y mármoles vieron, y telas y papeles, / cuando las jónicas / auras serenas / hizo feliz a Venus / Anadiomenes. / A ti del Líbano / tiemblan las plantas / desde el alma Chipre / resucitado amante: / a ti hierven / las danzas y los corazones, / a ti los virginales / cándidos amores; / entre olorosas / palmas de Idume, / donde blanquean / las empolvadas espumas. ¿Qué vale si bárbaro / el nazareno / furor del ágape / por el rito obsceno / con sagrada hacha / los templos te quemó / y los signos argólicos / en la tierra esparció? / Te acogió prófugo / entre los dioses de los lares / la plebe memorial / en las casas.

Luego un femenino / seno palpitante / llenando, ardiente / deidad y amante, / la bruja pálida / de eterno cuidado / fuiste a socorrer / la enferma naturaleza. / Tú al ojo inmóvil / del alquimista, / tú del indócil / mago a la vista, / del claustro tardío / al otro lado de las verjas, / deja ver los radiantes / cielos noveles. En la de Tebas / tú en las cosas / huyendo, el monje / triste se ocultó. / Oh a través de ti / alma dividida, benigno es Satanás; he aquí Eloisa. / En vano maceras / en el áspero saco: / el verso él murmura / de Maro y Flaco / entre la davídica / nenia y el llanto; / formas délficas, / a ti por el canto, / róseas en la urdida / compañía negra, / maneja Licorides, / maneja Glicera. / Pero otras imágenes / de edad más bella / quizá se puebla / la insomne celda. / Él, desde las páginas / de Livio, ardientes / tribunos / cónsules, / gentío tembloroso / despierta: y fantástico / de ítalo orgullo / te empuja, oh monje, / al Capitolio. Y vosotros, que la enojada / hoguera no disolvió, / voces fatídicas, / Wicleffe y Husse, / en el aura el grito / de alerta enviasteis: / se innova el siglo, / lleno es el verano. / Y ya tiemblan / mitras y coronas: / del claustro gruñe / la rebelión, / y pugna y predica / bajo la estola / de fray Girolamo / Savonarola. / Tiró la túnica / Martín Lutero; / tira tus vínculos, / pensamiento humano, / y brilla y reluce / de llamas rodeado; / materia levántate, / Satanás ha vencido.

Un bello y horrible / monstruo se desferra, / corre los océanos, / corre la tierra: / encendido y humoso / como los volcanes, / los montes supera, / devora los planos; / sobrevuela los báratros; / luego se esconde / por antros incógnitos, / por vías profundas; / y sale; e indómito / de orilla en orilla / como de remolinos / manda su grito, / el aliento expande: / él pasa, oh pueblos, / Satanás el grande. / Pasa benéfico / de lugar en lugar / en el incontenible / carro de fuego. ¡Salud, oh Satanás, / oh rebelión, / oh fuerza vengadora / de la razón! / ¡Consagrados a ti se alzan / los inciensos y los votos! / ¡Has vencido al Jehová / de los sacerdotes!

Con «el himen arcano» Carducci se refería a los cultos paganos, y más concretamente a la belleza de la divinidad Himeneo, cuyo aspecto recuerda el de las descripciones de los demonios hechas por las brujas interrogadas por los inquisidores.

La invocación a Satanás va seguida inmediatamente por una especie de contra invocación que, metafóricamente, se refiere a la práctica del exorcismo. Cuando el poeta afirma «¡sacerdote, y tu metro! / No sacerdote, Satanás / no vuelve atrás», se refiere, en efecto, a la conocida fórmula exorcista: «*Vade retro Satanas*», de la cual reconoce el valor, poniendo a debate el poder sagrado de las palabras, que deberían alejar la fuerza destructora del demonio.

La alusión a la debilidad de la fe, efectiva a causa de la afirmación del mal, se expresa en unos pocos y emblemáticos versos en los que está presente la metáfora del óxido que «corroe a Miguel», ahora ya «desplumado arcángel» y por el rayo (símbolo pagano del poder divino) «helado», es decir, quieto, atrapado entre las manos de Yavé (aunque desde el punto de vista de la apariencia esta figura tiene más parecido al Júpiter de los antiguos).

Es sugestiva la imagen de los ángeles que «llueven del firmamento»: emblema de la pérdida de la fe que aprovecha la imagen judeocristiana de la caída de los ángeles rebeldes.

En la metáfora poética, Satanás casi se convierte en un creador «rey de las formas», que con su obra da vida a la materia «que duerme».

Y otra referencia al mundo pagano, simbolizado por la figura de Baco, divinidad hebrea que encuentra en el vino y en los placeres terrenales el instrumento de transgresión, el instrumento simbólico más idóneo para celebrar la grandeza del tema.

Pero cuando el recorrido poético parece patinar en el bajo materialismo, Carducci relanza la clave esotérica y devuelve a «su» Satanás a la dimensión más intelectual, la necesaria para ir hacia el conocimiento: fin último del esoterismo que marca el recorrido de crecimiento, a través del cual se alcanza un mayor conocimiento de la posición del hombre en la historia.

Con la atención típica de quien sabe que debe decir una cosa para decir otra, el poeta se refiere a la más epidérmica representación de las divinidades clásicas de las que destaca el aspecto externo, voluptuoso y sensual. Hábilmente, Carducci sitúa junto a Adonis y Astarte (el primero, joven bellísimo amado por Afrodita, y la segunda, divinidad lunar y materna de los fenicios) a Agramainio (Arimanes), que en el zoroastrismo es la divinidad del mal.

El dios malvado cambia de rostro y se insinúa entre los hombres para tentarlos, siempre proponiéndoles un ideal de placer y de belleza. Aquí no hay idea de infierno ni de sus penas, todo está concentrado en el valor de la sensualidad, del amor y del gusto por la belleza.

Según el poeta, el cristianismo surgió para destruir este Edén pagano, como fuerza destinada a borrar la memoria de un tiempo en el cual los hombres y los dioses vivían en estrecho contacto, hablando un mismo idioma sagrado que sólo el conocimiento esotérico ha sabido conservar en los entuertos de su propio simbolismo. En primera instancia, el conocimiento antiguo fue conservado por todos aquellos que estaban más ligados a la tierra: «Te acogí prófugo / entre los dioses de los hogares». Ellos eran los únicos depositarios del ritualismo pagano, que quedó atrapado en la cultura simple de quien había sacralizado la naturaleza y sus fuerzas.

Luego el camino se desarrolla en una espiral poética, reflejando el avance de la historia. Entonces aparece la figura de la «bruja pálida», depositaria de antiguos saberes, pero considerada amante de Satanás porque posee componentes arcanos que se contraponían a los oficiales, incapaces de reconocer otras formas de cultura diferentes de las consideradas únicas e incontestables.

Las brujas se expresaban ante los inquisidores a través de un lenguaje esotérico, que recurría a procedimientos rituales y prácticas inconcebibles para quien observaba desde fuera por su articulado simbolismo, que resultaba demasiado complejo para ser sólo humano.

Ante los ojos de los inquisidores, era Satanás quien daba a las brujas los conocimientos que les permitían superar las barreras comunes, mientras que en realidad —nos hace observar Carducci— aquellas mujeres poseían conocimientos arcanos, atávicos, que la modernidad rechazaba.

Esta misma acusación se hizo a los alquimistas y a los magos renacentistas, que los esoteristas consideran los auténticos salvadores del lenguaje de la magia y de la filosofía oculta, arrebatadas de la locura destructora de los cazadores de brujas y diablos.

Carducci representa simbólicamente la conservación del conocimiento con la figura del monje anacoreta que, «huyendo de las cosas [de este mundo]», intenta salvaguardar el saber único sobre el cual se basa el conocimiento más profundo.

Más tarde el poeta, como si quisiera distraer intentando captar la atención sobre otro tema, siguiendo un método de escritura típico de los esoteristas (y en concreto de los alquimistas), hace alusión a la tragedia de Abelardo y Eloísa, con una imagen rica en sensualidad.

Sin embargo, la referencia a Abelardo no es casual y no se queda en la apariencia. En efecto, en los versos siguientes Carducci establece un vínculo con el «monje», es decir, con Arnaldo da Brescia (pauperista discípulo de Abelardo), que fomentó los alborotos que en 1146 provocaron la proclamación de la República en Roma. Estos acontecimientos valieron a Abelardo la hoguera, y sus cenizas fueron echadas al Tíber.

El hecho, como el aro de una cadena, permite al poeta referirse a la «enojada hoguera» en la que perecieron muchos pensadores, de Wicliffe a Savonarola, tratados como filósofos heréticos y sobre todo incómodos. Pero el fuego no borra el conocimiento, y el poeta, finalmente, destaca que «Satanás ha vencido», porque su mensaje ha permanecido grabado en la memoria y en obras fundamentales.

El himno se cierra a caballo entre el antimodernismo y la exaltación de la fuerza mecánica: a Satanás se le compara con la máquina del progreso que, como un «monstruo» destruye todos los obstáculos, derriba todas las barreras, alterando el equilibrio y las costumbres.

Satanás también aparece descrito como fuerza de la razón, pero de una razón sui géneris, que no pretende negar el espíritu y, sobre todo, no quiere que sea ahogada la «razón del espíritu», razón que para expresarse debe ser capaz de eludir los tópicos y las fronteras de la aparición. Es la razón que no debe olvidar el valor de la tradición y salvar del pasado su saber más misterioso, pero no por esto carente de valor.

A menudo, el lenguaje esotérico se convierte en portavoz de este saber y lo impulsa a través de la fuerza inmortal del simbolismo.

En general, el *Himno* puede ser leído como un grito de libertad que expresa, en primer lugar, el deseo de no sufrir las imposiciones, laicas o religiosas, de la cultura, dejando al hombre la libertad de ser él mismo y buscar su propio credo que le conduzca al conocimiento y al saber.

El Satanás de Carducci es un buen diablo; es la víctima que lucha para no sufrir ningún tipo de dominio, e intenta desprenderse de los rumores para decidir con naturalidad un propio modo de ser en la historia que le permita participar en ella hasta el fondo. Aunque sea desde la incomprensión.

Diablo y modelos literarios

En el amplio y diversificado panorama literario que tiene como protagonista al demonio, se pueden establecer tres modelos recurrentes:

- el diablo héroe, que lucha para conservar su propia libertad y no acata ninguna norma que pueda mortificar su dignidad;
- el diablo como contraposición al bien, según una lógica maniquea que considera eterno y constante el enfrentamiento entre el mal y el bien;
- el diablo objeto de sátira, del que se hace burla repetidamente y, en la literatura popular, se le obliga a sufrir humillaciones de todo tipo.

Los proverbios infernales de William Blake

Veamos unos originales y crudos proverbios, pertenecientes a *El matrimonio del cielo y del infierno* de William Blake, que ponen de relieve el componente antropocéntrico que animaba al autor:

> La prudencia es una vieja solterona rica y fea cortejada por la impotencia.
> Quien desea pero no actúa, cría la pestilencia.
> Ningún pájaro sube demasiado arriba, si vuela con sus alas.
> Con las piedras de la ley han erigido prisiones; con los ladrillos de la religión, burdeles.
> La lubricidad del chivo es la munificencia de Dios.
> La desnudez de la mujer es el trabajo de Dios.
> El hombre se vistió con la piel del león, la mujer con la piel de la oveja.
> Los tigres de la ira son más sabios que los caballos de la educación.
> Sería mejor para ti matar a un niño en la cuna que mecer deseos incumplidos.
> En donde falta el hombre, la naturaleza es estéril.

La muerte de Satanás según Víctor Hugo

En el poema inacabado *El fin de Satanás* (empezado en 1854 y publicado póstumamente en 1886), Hugo realiza una representación poética de la muerte de Satanás con extraordinaria eficacia:

> [...] Satanás, igual que un nadador en un esfuerzo supremo,
> extendió las alas sin plumas y con garras; espectro de sangre;
> jadeante destruido exhausto, emitiendo humo y sudor,
> se hundió en la honda orilla de las tinieblas...

Hermes Trimegisto... el demonio

En la introducción de *Las flores del mal* de Charles Baudelaire cita a «Trimegisto Satanás», al que más adelante indica como «docto químico».

El poeta se refería a Hermes Trimegisto, «tres veces grande»: el escribano de los dioses (para algunas fuentes el escribano del dios egipcio Thot) y depositario de los mayores secretos ligados al conocimiento oculto, a la magia, al esoterismo y quizá a la alquimia. Básicamente es un personaje lleno de misterio y fascinación, y que a menudo aparece citado en los textos mágicos. Su fortuna en Occidente se debe al redescubrimiento de los escritos de la Antigüedad, especialmente a partir del siglo XV, por parte de intelectuales y filósofos.

Marsilio Ficino (1433-1499), traductor del *Corpus hermeticum* (ss. I-III d. de C.), atribuido a Trimegisto, propuso en *De christiana religione* (1472) identificar a Moisés con Hermes.

Satanás-Plutón

En la obra *Jerusalén liberada* de Torquato Tasso (1544-1595), Satanás tiene la apariencia de Plutón, príncipe del mundo subterráneo. La línea de Tasso fue seguida por Juan Bautista Marino (1569-1652), que en el poema *La matanza de los inocentes* confiere a Lucifer el semblante de la antigua divinidad. En la mitología clásica, Plutón era el señor del reino de los muertos, lo cual encajaba con la figura del demonio creada por la tradición de la tardía Edad Media.

Fausto y la tentación

En la literatura, la figura de Fausto ha sido propuesta por numerosos autores (Marlow, von Chamisso, Cazotte, Goethe, Wilde, Lessing, Mann) que vieron en este personaje el intento, a veces fallido y con el consiguiente castigo, de alcan-

Fausto invoca al demonio dentro del círculo mágico (C. Marlowe, Fausto, Londres, 1631)

zar el conocimiento a través de la experimentación de nuevas vías, yendo en contra de las reglas que ordenan la existencia del hombre.

Producto del teatro isabelino de Christopher Marlowe (1564-1593), el mago Fausto no fue una creación total de la fantasía de su autor, sino la elaboración de un texto publicado en Frankfurt en el año 1587, *Faustbuch*, en el que se narraban las gestas de un teólogo, Johannes Fausto, que con la ayuda de un libro mágico invocó al demonio y le vendió el alma. La obra terminaba con la muerte de Fausto, arrastrado por los demonios al fondo del abismo infernal.

Cabe destacar que ya antes del *Faustbuch* circulaban muchas historias sobre el tema del comercio del alma con el diablo; es más, no faltaban testimonios de personas, algunas de ellas de gran autoridad, que afirmaban haber conocido al diabólico doctor. Además, parece que Fausto tuvo dos demonios a su servicio: uno en forma de perro y otro de caballo.

Aunque hoy en día está considerado un personaje histórico, que vivió entre 1480 y 1540, las noticias acerca de Fausto son escasas.

Las fuentes nos hablan de un *Magister* Georgius Sabellicus, Fausto junior, *fons necromanticorum, atrologus, magus secundus, chiromanticus, aeromanticus, pyromanticus, in hydrea arte secundus.*

Théophile Gautier (1811-1872) escribió una versión cómica de Fausto. En su obra, el diablo es un caballero de aspecto donairoso, una especie de galante movido por la maldad de Belzebú.

Johann Wolfgang Goethe (1749-1832) fue quien dio una caracterización definitiva a la leyenda, escribiendo su célebre *Fausto*.

También hubo numerosas interpretaciones de este personaje en la música, como las de Wagner, Boito, Busoni o J. S. Bach.

EL ÁNGEL CAÍDO

Pacto con el diablo (Diccionario infernal de Colin De Plancy, 1826)

Presunto contrato con el diablo (siglo XVIII)

Pacto firmado por el archidemonio Asmodeo en un manuscrito de 1729 (París, Biblioteca Nacional)

Don Juan

A partir de la caracterización que dio Tirso de Molina del anónimo *El burlador de Sevilla y convidado de piedra* (1624-1630), la figura de Don Juan, personaje en muchos aspectos demoniaco y evocador de Satanás, ha sido hecho protagonista de sus obras por una serie de autores de teatro y escritores, entre los cuales recordamos: Carlo Goldoni (*Don Juan Tenorio* o *El licencioso*), George Byron, (*Don Juan, an epic satire*). Aleksandr Sergeevic Puskin (*El convidado de piedra*), Alejandro Dumas padre (*Don Juan de Maraña ou la chute d'un ange*), George Bernard Shaw (*Man and superman*).

Muchas son las interpretaciones musicales entre las que destaca *El licencioso castigado o el Don Juan* (1787) de Wolfgang Amadeus Mozart.

El Lucifer de Dante

Sólo para describir los muchos rostros, las características y las peculiaridades de los diablos presentes en la *Divina comedia* de Dante Alighieri (1265-1321) haría falta un libro entero. Limitémonos a una indicación fundamental: Lucifer, en el octavo canto del «Infierno», está descrito como «suma de todas las criaturas», que (en el canto décimo noveno del Paraíso) «para no esperar luz cayó en la exasperación».

En el vigésimo séptimo canto del «Infierno» se le describe como «el emperador del doloroso reino».

LA MÚSICA SATÁNICA

Indudablemente, la relación de la música con el mundo de lo oculto tiene raíces que proceden de los estratos más remotos de nuestra evolución cultural.

En el *Corpus hermeticum*, atribuido a Hermes Trimegisto, se lee: «Conocer la música es conocer el orden de todas las cosas y el designio divino».

La afirmación pone de relieve el hecho de que la música es un *lenguaje* que contiene mecanismos simbólicos necesarios para instaurar el diálogo entre el hombre y el universo. Estos mecanismos pueden estar envueltos por un aura muy misterioso, cuando son patrimonio de una cultura esotérica (pensemos en *La flauta mágica* de Mozart y en sus implicaciones masónicas), o, de hecho, cuando convierten un lenguaje en el lenguaje para captar nuevos adeptos (es el caso de los mensajes satánicos subliminales que según algunos habría en determinadas músicas *rock*).

La hipótesis, sin embargo, viene de lejos: Giordano Bruno afirmaba que había «ritmos y cantos» que encerraban «una eficacia grandiosa», y demostraba la presencia de mensajes protosubliminales dentro de la estructura musical. Así, se lee en *De vinculis*:

> Y estos vínculos son tenaces no sólo por el hecho de que sean percibidos y lleguen al alma a través del oído [...] es más, el efecto vinculante se realiza también con un susurro secreto que no llega a la cosa que debe ser vinculada, por analogía de espíritu a espíritu, de vinculante a vinculado, ni tampoco los encantados perciben siempre las palabras de los encantadores, ni cuando las perciben sufren sus efectos sensibles de inmediato.

Haciendo un salto en el tiempo llegamos a Egon von Petersdorff, ex ocultista que abrazó la fe cristiana y se convirtió en un demonólogo de los más beligerantes. Del mismo modo que muchos ex fumadores son los más fervientes opositores al humo, Petersdorff atacó con vehemencia todas aquellas manifestaciones que podían ser territorio de presa fácil para el diablo. El arte era uno de estos territorios privilegiados. En su sabia *Demonología*, el autor, que consideraba la «tendencia al surrealismo» una inspiración demoniaca, situó en el ámbito de la música mágica a autores como Musorgskij, Rimskij-Korsakov, Prokofev y Stravinskij.

Pero la reflexión sobre la música de Petersdorff alcanzaba la música contemporánea (el libro fue publicado en 1960):

> Hoy podemos oír y ver música y danza chamanística en todas partes en donde se baila a ritmo de *jazz* o de *rock'n roll* [...]; un vistazo a las ilustraciones de los rotativos nos informa que esta música puede producir una psicosis de masas, con formas de trance colectivo, que reducen a los hombres a la locura, tales manifestaciones de vulgaridad y desahogo de bajezas, como se puede ver en alborotos de las salas de baile. Esto es chamanismo, embriaguez desenfrenada: una exaltación que no es obra de espíritus buenos, que no se dejan atrapar con métodos chamanísticos[32].

Es evidente que nos encontramos ante una visión que tiende a endemoniar el producto de una actividad creativa que no se ajusta a los cánones estéticos tradicionales. En un intento de definición genérica, podemos aislar algunos temas de la relación entre la música, lo oculto y lo demoniaco:

- la música como base para la acción mágica y ritual;
- el significado simbólico de algunos instrumentos musicales, que tienen connotaciones con atributos negativos (por ejemplo, la zambomba, que acompañaba a los rituales del aquelarre);
- la música que toma su experiencia estética de la tradición mágica (por ejemplo, la *Sinfonía fantástica* de Berlioz, *La consagración de la primavera,* etc.);
- la música que difunde mensajes esotéricos y satánicos a través de un lenguaje simbólico que los hace accesibles sólo a los adeptos;
- la música que propone significados ocultos a los oyentes, con métodos de contacto subliminales, aunque sin anunciarlo preventivamente.

En el fondo, la relación entre la música y el oscuro universo del mal y del pecado viene de la época del canto de las sirenas encontradas por Ulises.

Prescindiendo de las múltiples peculiaridades de la música en el plano simbólico, religioso y terapéutico, recordemos que ciertos sonidos pueden tener una función alucinógena y visionaria, que entran en nuestra psique y se conservan en la memoria, suscitando reacciones diferentes según la sensibilidad y la cultura de cada individuo. La música sublima los estados de ánimo y contribuye a disfrazar la realidad, a la que asigna otra fisonomía. El sonido ritmado del tambor ayuda

---

[32] PETERSDORFF, von E., *Demonologia*, Milán, 1995, p. 212.

al chamán a «volar» para dirigirse allí donde las reacciones de los productos neuroactivos absorbidos lo quieran conducir, del mismo modo en que la *Cabalgata de las Walkirias* daba a los militares de *Apocalipsis now* (célebre película sobre la guerra de Vietnam) la sensación mágica de que el bombardeo a los Vietcog era algo sobrenatural, predispuesto por la divinidad.

En la *Naranja mecánica* de S. Kubrick, la música de Beethoven se convierte en una especie de mecha que desencadena la violencia del *gang*. Y luego se edita en forma de banda sonora, que siembra el dolor y la muerte entre los hombres.

En nuestra época, en la que el consumo de música es muy alto, se ha perdido el aura sacra que desde siempre la había distinguido: el sonido se ha convertido en objeto de consumo, en el fondo —a veces inarmónico— de las actividades de todos los días.

Es cierto que, como muy bien decía Mahler, «expresa lo que las palabras no pueden decir». Por tanto, se convierte en un lenguaje paralelo que, quizá con un valor mágico y esotérico bajo el estrato del sonido, conserva toda una serie de mensajes descifrables sólo por quienes saben escuchar las voces situadas fuera de la estrecha gama del sonido audible.

La música tiene significados que conservan un vínculo con una cultura ancestral tan antigua como el hombre e instalada en los meandros de nuestra evolución, lista para volver a despertar emociones que subsisten en estado latente en nosotros, en nuestro ser, en nuestra especie. El lenguaje musical, con su carga de ritualidad, es quizá más antiguo que cualquier otro medio de comunicación, y como tal es depositario de conocimientos primordiales que no han pasado por el filtro de la cultura.

Artur Conan Doyle (1859-1930) pone en boca de su conocido personaje, el positivista Sherlock Holmes, en el célebre *Un estudio en rojo*:

> ¿Qué escribe Darwin a propósito de la música? Afirma que la capacidad de elaborarla y de apreciarla está presente en la raza humana antes de que esta elaborara el lenguaje articulado. Por este motivo, quizás, hoy la música ejerce en nosotros una influencia tan sutil. Nuestro ánimo conserva un vago recuerdo de aquellos siglos oscuros de los albores del mundo.

Músicos y demonios

Los músicos han experimentado la fascinación por la figura satánica. Los motivos de este matrimonio son múltiples, aunque lo cierto es que el diablo se adapta a la transfiguración artística, a través de la cual su papel artístico se conecta con una imagen de libertad total, mientras que la que está ligada al mal en sentido absoluto se convierte frecuentemente en secundaria.

Estas son algunas de las más significativas y declaradas presencias del diablo en el universo musical.

AUTOR	PERIODO	TÍTULO DE LA OBRA
Giacomo Carissimi	1695-1774	Lucifer
Giuseppe Tartini	1692-1770	El trino del diablo
Franz Joseph Haydn	1732-1809	El diablo cojuelo
François-Adrien Boïeldieu	1775-1834	Valzer infernal
Niccolò Paganini	1782-1840	Las brujas
Giacomo Meyerbeer	1791-1864	Roberto, el diablo
Louis-Hector Berlioz	1803-1869	La maldición de Fausto
Franz Liszt	1811-1886	Mefisto Valzer, Faust Symphonie
Charles-François Gounod	1818-1893	Fausto
Jacques Offenbach	1819-1880	Orfeo en el infierno
Peter L. L. Benoit	1834-1901	Lucifer
Camille Saint-Saëns	1835-1921	La danza macabra
Antonin Dvorak	1841-1904	El diablo y Catalina
Arrigo Boito	1842-1918	Mefistófeles
Achille-Claude Debussy	1862-1918	Après-midi d'un faune
Pietro Mascagni	1863-1945	Rapsodia satánica
Jan Sibelius	1865-1957	Una saga
Paul Dukas	1865-1935	El aprendiz de brujo
Ferruccio Busoni	1866-1924	Doctor Fausto
Manuel de Falla	1876-1946	El amor brujo
Igor Stravinski	1882-1971	El pájaro de fuego, Consagración de la primavera
Sergei Prokofieeev	1891-1954	El ángel de fuego
Karlheinz Stockhausen	1928	Luz
Giacomo Manzoni	1932	Doctor Faustus

Los *Carmina burana*

«*O fortuna velut luna, statu variabilis*», el destino es variable como la Luna, afirmaban los cantores de las *cantiones profanae* que luego entrarán a formar parte de aquella inquietante y fascinante obra constituida por los *Carmina burana*. Durante la Edad Media, estas canciones, por el tema que trataban (himno a los placeres materiales de la vida), fueron a menudo objeto de demonización por parte de los bien pensantes, y fueron señaladas por el clero como cantos pecaminosos, sugeridos por el diablo. Era una recopilación de cantos compuestos en latín y en alemán entre los siglos XII y XIII, conocidos por el gran público, sobre todo a través de la orquestación realizada por Carl Orff en 1890.

El amor, el sufrimiento por la ausencia de los bienes materiales, la búsqueda del placer, ahora enfatizado o hecho más lírico a través de la poesía, convierten los *Carmina burana* en una obra estratificada, cuya apariencia lúdica constituye sólo la epidermis bajo la cual se esconde un recubrimiento de inquietud. En algunos casos, los autores de los *Carmina burana* son conocidos, gran parte de esta producción está atribuida al denominado *ordo clericalis*, formado por una parte de clérigos seducida por todas las oportunidades que les ofrecía la vida de la ciudad.

Estos no tardaron en apartarse cada vez más de los estudios y de la existencia marcada por las buenas costumbres que su condición habría impuesto, prefiriendo las tabernas a la universidad y dedicándose a las mujeres de vida alegre, en lugar de dedicarse a la oración, lo cual puso muy fácil a la Iglesia para ver la mano de Satanás en su modo de vida.

El juego y la composición de canciones fue una alternativa al estudio de los clásicos, mientras que la visión mística que hubiera tenido que marcar sus existencias se apartaba cada vez más del horizonte cotidiano.

Muchas veces, privados de medios de subsistencia, los miembros de esta categoría sui géneris acababan siendo acogidos en los conventos, o bien utilizaban sus conocimientos culturales para realizar encargos intermitentes en la corte. Algunos fueron figuras habituales en banquetes y fiestas, en donde departían con los asistentes y cantaban, gracias a lo cual se les comparó con juglares y bufones.

> Este grupo, formado también por eclesiásticos que negaban la jerarquía de la Iglesia y monjes huidos del convento, fue cada vez más numeroso a partir de la mitad del siglo XII, época en que se dieron las condiciones para la formación de una especie de proletariado cultural. Varios de los que terminaban sus estudios no lograban encontrar un empleo o tenían que esperar mucho tiempo antes de empezar a trabajar.
> El número cada vez mayor de diplomados había colmado rápidamente la demanda de personal instruido y para muchos sólo había que abandonarse a una nueva forma de vagabundeo en búsqueda de un empleo cualquiera, un beneficio o una prebenda[33].

Intelectuales y estudiantes fuera de curso *ante litteram*, clérigos y goliardos formaban parte de un proletariado cultural que gastaba su vida en un sueño anárquico, que rápidamente fue demonizado por su no acatamiento de las normas morales y sociales de la época.

Hijos de una época que de algún modo invocaba una renovación, a los miembros del *ordo clericalis* se les colocó a menudo etiquetas y peculiaridades que eran fruto más de la leyenda que de la realidad.

Los clérigos errantes fueron acusados de llevar vidas profanadoras, y encontraron en la Iglesia la primera y principal acusadora.

---

[33] ROSSI, P., *Carmina burana,* Milán, 1989, pp. XVIII-XIX.

> Son significativas las deliberaciones de algunos concilios. El IV Concilio luterano (1215) prohibía a los clérigos: «Practicar oficios y comercios mundanos, sobre todo si eran indecorosos para el orden al que pertenecen. Se recomienda no frecuentar saltimbanquis, jugadores y comediantes, evitar absolutamente las tabernas, a no ser que estén de viaje, y tampoco jugar a otros juegos de azar.

> El Concilio de Treves, por el contrario, ordenaba: «Que ningún sacerdote permita a vagabundos, clérigos errantes o goliardos cantar versos profanos al ritmo del *Sanctus* y del *Agnus dei*, o canciones de otro género durante las misas y los oficios divinos». En el Concilio de Salzburgo (1291) se daba una descripción perentoria del *ordo clericalis*: «Se muestran en público desnudos, duermen en donde hallan un poco de calor, les gustan las tabernas, el juego y las prostitutas; se ganan la vida con una conducta pecaminosa; arraigados en sus costumbres, no abandonan sus sectas, de manera que no persiste ninguna esperanza de poder reconvertirlos a la vida honesta.

Estos textos muestran cómo estaban considerados los miembros de estos grupos, comparados con *sectas*, con toda la carga simbólica negativa que esta definición implicaba. En este sentido, cabe recordar la posición de Bertoldo de Ratisbona, que consideraba el *ordo clericalis* como una *familia diaboli*, poniendo de relieve el vínculo con el mundo oscuro y satánico. En realidad no han faltado estudiosos, incluso en tiempos recientes, que pensaban que los goliardos pertenecían a una secta propiamente dicha llamada Golia. Nos preguntamos si ello hacía referencia al gigante bíblico, emblema del mal en la lectura cristiana medieval, o a un cómico recurso de la asonancia entre Golia y gola «garganta».

El gigante destructor, casi una imagen satánica, se convirtió en el juego de palabras, en modelo de los seres desproporcionados, perturbados por el hambre y la sed insaciables, prototipo pantagruélico que servía perfectamente, por su apariencia diabólica, para representar el emblema del *ordo clericalis*.

> La «goliardía»: también fue fruto de la pobreza, falta de encargos o de estatus [...]. Además, los goliardos unieron su nombre a un género literario o musical muy particular, de gran originalidad. Poesías cantadas, de ritmo más bien lento, en las que el latín eclesiástico se mezclaba (fórmulas e imprecaciones) con versos en lenguas vulgares; alemán sobre todo, francés y también eslavo [...]. Muchas obras de estos vagabundos fueron, sin duda, recopiladas y transcritas por monjes, encerrados en sus conventos que no elaboraban en modo alguno este género de expresión paroxística[34].

---

[34] HEERS, J., *Le feste dei folli*, Nápoles, 1990, p. 29.

Más allá de los modelos, combinaciones y búsquedas de vínculos improbables, queda el hecho de que en los *Carmina burana* tenemos el producto de una cultura profunda, rica en referencias bíblicas y textos antiguos y, en ciertos casos incluso comprometida con una especie de relanzamiento que pretende situarse como relectura de las fuentes clásicas.

A partir de esta constatación, hoy parece difícil considerar la cultura goliardesca como expresión de manifestaciones espontáneas y desordenadas, y, por el contrario, adquiere más consistencia la posibilidad de que en la base de estos grupos —que casi con toda seguridad no eran sectas— hubiera proyectos comunes y entendimientos ideológicos similares.

La tensión locura-sabiduría, fe-pecado, poesía-canto de taberna confiere a la «goliardía» una categoría en sí misma, ciertamente privada de estatus, pero no por ello incapaz de captar la inquietud de una existencia ciega y sorda a las peticiones del espíritu.

Volvamos a sus versos: amor e ironía, ética y moral, dolor y poesía constituyen la estructura de estas obras siempre agudas, capaces de poner en evidencia el derrumbamiento de reglas y limitaciones de un mundo caracterizado por el peso del egoísmo y la pérdida de valores.

Tiempo atrás florecían los estudios, ahora solamente aburren; durante tiempo el saber fue importante, ahora vale más el ocio.

La astucia se manifiesta con precocidad en los jóvenes que, llenos de malicia, rechazan el saber. Mientras que en siglos pasados el descanso de las fatigas del estudio era lícito a los discípulos del saber sólo a partir de los noventa años; ahora, en cambio, los muchachos de diez años se sueltan el yugo y, libres, se las dan de maestros: ahora los ciegos arrastran al foso a los otros ciegos, los pájaros vuelan sin plumas, los asnos tocan la lira, los bueyes bailan en las salas y los patanes se han convertido en caballeros.

Gregorio discute innoblemente en la taberna, el asceta Girolamo reclama su parte de dinero, Agustín y Benedicto conversan en secreto sobre la cosecha y la vendimia y luego van al mercado asiduamente.

María ya no contempla, Marta ya no es activa, Lia ya es estéril, y Raquel tiene los ojos enfermos.

El severo Catón frecuenta ahora los prostíbulos y la casta Lucrecia se abandona a una lujuria escandalosa.

Ahora triunfa todo aquello que los padres condenaban; el calor se transforma en frío y la humedad en sequedad, la virtud cede al vicio y la laboriosidad se convierte en ocio; todo ahora se desvía del recto camino. Que el sabio medite sobre esto, que libere y purifique su corazón del pecado para no decir en vano: ¡Oh, Señor! en el Día del Juicio.

Quien entonces será condenado por el juez celeste ya no gozará de ninguna otra llamada.

El íncipit del canto quiere destacar que a la decadencia de los estudios corresponde una decadencia moral: la *tristitia temporis* está evidenciada por el triunfo del ocio sobre el amor por la cultura y el compromiso intelectual. El tema se encuentra en otras fuentes coetáneas y expresa el sufrimiento de muchos por la decadencia de un periodo en el que, utilizando las mismas palabras que Juan de Salisbury, «ahora gustan sólo las tonterías [...], y muchas veces la simple visión de un libro ya es una forma de tormento» (*Entheticun,* 119-120).

En el tiempo oscuro, los ciegos guían a otros ciegos, los pájaros quieren volar sin plumas y los asnos tocan la lira sin éxito: todas las reglas están revolucionadas e incluso las clases sociales parecen perder definición, mientras se instala una especie de anarquía cultural.

A los Padres de la Iglesia se les ve discutiendo en las tabernas, o hablando de temas carentes de espiritualidad. Los valores y los puntos de referencia se desmoronan: caen los mitos y faltan los modelos. El «recto camino» es abandonado y el autor invita al sabio a meditar y a correr a protegerse para conseguir que el Día del Juicio no deba gritar en vano: «¡Oh, Señor!».

La clausura en clave escatológica hace que sea más grave el contenido del canto, y pone de relieve que, a pesar de la aparente superficialidad de goliardos y clérigos autores de la *Carmina burana*, en realidad no estaban privados de la conciencia cristiana sobre el papel del hombre en la historia. Un papel que en un mundo en el que «la astucia se manifiesta con precocidad en los jóvenes», todo parece más difícil y para muchos sólo habrá condena «sin llamada».

El caso Paganini

«Un alma desgarrada que se abre camino y busca aire»: Franz Liszt definió así a Niccolò Paganini (1482-1840), uno de los artistas más inquietantes y misteriosos de la historia de la música. Su búsqueda y, sobre todo, su modo de interpretar el instrumento y su ejecución han alimentado leyendas y mitos, enfatizados por los increíbles sonidos que parecían evocados por la vitalidad que poseía su inigualable violín.

Estas prerrogativas artísticas han hecho que muchas personas plantearan la hipótesis de que Paganini estuviera poseído por el demonio. Esta creencia habría estado apoyada, sobre todo, por la genialidad del artista y por su comportamiento inconformista (para la época), características que han alimentado su aureola diabólica, presente muchas veces en las reconstrucciones biográficas de este singular artista.

A los doce años escribió su primera «Variación»: una experiencia de niño prodigio que no es única (también lo fue Mozart), pero que ciertamente contribuiría a aumentar el mito del músico *otro*, provisto de características particulares, negadas a la mayor parte de los mortales.

El rostro del joven, cuentan las crónicas, tenía una expresión de profunda dulzura, pero cuando empezaba a tocar, su fisonomía se transformaba y la música que brotaba impetuosamente de su violín parecía drogarlo y causarle una especie de delirio incontenible.

Su vida, fuera del clamor de los escenarios, estuvo marcada por luces y sombras que tuvieron la función de aumentar todavía más, si cabe, su mito. Se dijo que era cuñado de Napoleón, pero este parentesco en realidad no fue más allá de la relación, ya que aquel compromiso tuvo su origen exclusivamente en una probable relación con la hermana del general, Elisa Baciocchi, princesa de Lucca e Piombino, que había nombrado a Paganini director de orquesta del teatro de la ópera.

En su currículum, no se sabe con qué grado de credibilidad, figuran una condena por seducción a un menor y una reputación de «carbonero» [miembro de la secta de la «carbonería», creada en Nápoles en el siglo XIX, y que se difundió por Italia, Francia y España, con un programa de oposición a los gobiernos absolutistas, N. del T.], que se le dio por haber mostrado una cierta simpatía por las ideas revolucionarias. A todo ello hay que añadir que su aspecto no era lo que se dice tranquilizador, especialmente durante los conciertos.

Se daban todas las condiciones para favorecer la imagen sulfurosa de Paganini, la imagen que ha llegado hasta nosotros.

Recordemos que el violín es un instrumento que aparece a menudo en la iconografía diabólica. Junto con la zambomba, es uno de los que tocan los demonios en el sabbat, reuniones en las que se celebraban ritos dedicados a Satanás y a donde las brujas acudían para obtener del Señor de las tinieblas poderes y medios para utilizar contra sus víctimas.

Este instrumento, marcado ya por las prerrogativas satánicas, en las manos de Paganini se convertía en una especie de objeto mágico, donde los asombrosos fraseos y las fantasmagóricas escalas musicales se convertían en un diálogo inquietante entre el músico y el mundo sobrenatural. Un mundo sobrenatural que, visto el aspecto y el modus vivendi del ejecutor, sólo podía ser oscuro, ligado al universo en el que Satanás ocupaba el lugar de protagonista.

En ninguna otra ocasión, fuera de la fantasía de algún narrador, encontramos la casi mágica técnica y sobre todo las actitudes que han caracterizado la obra de Niccolò Paganini. Cuando se rompía una cuerda, el virtuoso genovés parecía caer en un remolino que lo arrastraba más allá de los límites humanos, y daba la impresión de que se encarnizaba contra el instrumento, como si quisiera destruir aquel maravilloso producto de la tecnología musical.

En obras como *Las brujas*, *Los caprichos* y *Los latidos*, la imaginación del oyente puede transportarse fácilmente más allá de la razón y convertirse en objeto de fantasías sin fin, en donde Satanás ocupa el papel de director de orquesta para un concierto consagrado al triunfo de la magia.

Quizá sólo Klaus Kinskim, en la película *Paganini,* logró devolver al plano real el rostro y las inquietudes de aquel músico sobre quien se han dicho muchas cosas y que, en el plano humano, continúa rodeado de misterio.

Aunque probablemente la personalidad romántica de Paganini contribuyó a alimentar su imagen «diabólica», no debe ignorarse que el genial violinista adoptó una actitud respecto a los demás y la música que estaba fuertemente en contradicción con la actitud típica de la «gente normal». Todo ello, y su música (tanto en cuanto a la ejecución como en el plano estético), es en parte el motor que ha llevado a la formación de la imagen de Niccolò Paganini.

Un ambiente romántico y una fuerte personalidad de artista han contribuido a hacer de este gran artista un violinista «diabólico». Pero, como ocurre siempre que interviene el diálogo, es muy difícil entender dónde acaba la realidad y dónde empieza a manifestarse lo sobrenatural...

Hard rock

Según las valoraciones de todos aquellos que consideran la música *rock* un instrumento para establecer relaciones con el diablo, en los discos de algunos cantantes se encuentran insertados mensajes ocultos de índole satánica. ¿Difícil de creer? Escuchando los discos en sentido inverso aparecen pruebas conmovedoras. Por ejemplo, en un fragmento encontramos (escuchado al revés) esta afirmación: «Mi dulce Satanás, yo he visto el sabbat»; los Christian Death, en *Prayer*, han grabado el Padre Nuestro al revés, teniendo la precaución de excluir la invocación «líbranos del mal». The Queen, en *Another on bites the dus*, proponen un mensaje «alternativo», siempre grabado al revés, que puede ser una incitación al uso de la droga: «Empieza a fumar marihuana».

Existen muchos más ejemplos, de numerosos cantantes y grupos, que encuentran su campo de expresión más emblemático en la galaxia constituida por los grupos «Hard» y «Metal», que tienen, en la imagen satánica, truculenta y sabática, un apoyo dialéctico bastante complejo.

Naturalmente, sin recurrir a esta modalidad de la escucha al revés, también encontramos textos con referencias demoniacas. Este es el caso de un disco de los Black Sabbath, *Sabbath bloody sabbath* (1973), que constituye, de hecho, la celebración de Lucifer. Veamos otros ejemplos significativos. En *Stairway to heaven*, de Led Zeppelin, el texto contiene estos versos: «A mi dulce Satanás [...], debo vivir para Satanás»; The Queen, en *One vision*, se refiere a «mi dulce Satanás»; los Black Oak Arkansas no tienen dudas y en el fragmento *When electricity came to Arkansas* afirman que «Satanás, él es el Dios»; Stix en *Snow blind* proponen una singular invitación: «Satanás, muévete a través de nuestras voces»; Michael Jackson en *Beat in* afirma: «Yo creo realmente que Satanás está en mí...».

> No olvidemos que el *blues* «nació como música tocada en las tinieblas. Por esta razón fue identificado inmediatamente como música del diablo. Su nombre, entre otras cosas, tiene su origen en dos expresiones del habla americana: *to feel blue* «estar melancólico» y *to have the blues devils* «ser diablos tristes», en referencia al estado de ánimo de las personas de color[35].

De las sirenas de Ulises a las notas de Beethoven, utilizadas en la *Naranja mecánica*, encontramos en la música un vínculo antiguo con el diablo que pone de

---

[35] CLIMATI, C., *Inchiesta sul rock satanico*, Casale Monferrato, 1996, p. 11.

manifiesto su aspecto turbador y desconcertante, que tiene por objeto suscitar reacciones paradójicas. Para algunos, la relación entre música, magia y satanismo es una expresión folclórica que nace de la caza de brujas realizada por quienes ven el mal en todas partes. Esta hipótesis no debe rechazarse completamente, aunque resulta evidente que en algunos fragmentos, el lenguaje oculto ha sido utilizado voluntariamente. Pero, por otro lado nos preguntamos cuántos oyentes tienen conocimiento de la presencia de estos mensajes. Ciertamente, con la práctica desaparición del vinilo y con la afirmación del CD, un oyente con un equipo de alta fidelidad normal difícilmente podrá disfrutar de los himnos a Satanás elaborados ambiguamente entre las estrofas de una canción de amor o de paz universal.

Los expertos advierten que los mensajes escondidos en la música *rock* son de dos tipos: los grabados al revés y los de doble frente.

> [Los primeros] están técnicamente grabados al revés, haciendo girar la cinta hacia atrás en la sala de grabación [...]. Escuchando normalmente la canción, sólo se perciben los sonidos sin sentido. Pero haciendo girar el disco al revés, se obtienen frases inequívocas. Luego están los mensajes de doble frente, es decir, frases de canciones que se pueden escuchar tanto del derecho como del revés. Al revés, textos aparentemente normales se transforman en invocaciones al demonio[36].

La inquietante presencia de un lenguaje satánico creado ad hoc dentro de la música es un tema de debate y de investigación.

Cabe preguntarse hasta qué punto este lenguaje es efectivamente una expresión de un proyecto que sirve para unir instancias que tienen como punto focal el culto al diablo. Si realmente este *lenguaje en el lenguaje* forma parte de la música moderna, entonces a buen seguro habrá que cuestionarse muy seriamente el papel de los mensajes subliminales y parecidos. Pero, sea como fuere, no hay que perder de vista la realidad y no hay que caer en la tentación de llevar a cabo una nueva caza de brujas.

El enigma persiste y nos observa, como en aquel ambiguo retrato del ocultista Aleister Crowley, *La Bestia del Apocalipsis* que, con Marlon Brando, Karl Marx, Grandhi y Stanlin, forma parte de la portada del disco de los Beatles *Sergent Pepper's lonely hearts club band,* aparecido en 1967 y considerado el iniciador de la música psicodélica.

Subliminal en medicina significa el estímulo cuya intensidad es inferior al valor umbral. En psicología, subliminales son las sensaciones que tienen lugar por debajo del nivel de la conciencia, que son demasiado débiles para ser advertidas. El tema de los lenguajes ocultos dentro de otros lenguajes dotados de un gran

---

[36] *Ídem, op. cit.*, Casale Monferrato, 1996, p. 12.

poder de penetración (música, televisión, cine) ha sido ampliamente debatido por sociólogos y psicólogos.

Sin embargo, muchos expertos sostienen que nuestro cerebro tiene la capacidad de anular estos mensajes subliminales, que pueden ser peligrosos para la propia existencia de quien los recibe, del mismo modo que los frenos inhibitorios detienen aquellos mensajes que tienen la capacidad de causar efectos devastadores en el receptor.

Pero, si los mensajes subliminales, en este caso sonoros, estuvieran grabados al revés, ¿cómo reaccionaría nuestro cerebro? ¿Se podría guiar a grupos como si fueran autómatas hipnotizados por la música?

Sobre estas cuestiones se ha ido conformando un debate experimental, que actualmente no es más que una argumentación académica.

A pesar de las alarmas suscitadas por los cazadores del diablo, los mensajes subliminales siguen siendo objeto de especulación teórica. Por lo tanto, es evidente que todo queda en el terreno de las hipótesis.

Alguien afirma que se han llevado a cabo experimentos en este campo, sin el conocimiento de las confiadas víctimas.

Por el momento, y a falta de pruebas concluyentes, el tema parece propio de un «expediente X».

EL MISTERIOSO DESTINATARIO DEL *RÉQUIEM* DE MOZART

Los historiadores y los biógrafos se preguntan acerca de la última obra, y en ciertos aspectos la más problemática, de Wolfgang Amadeus Mozart (1756-1791): el *Réquiem*.

Un elemento que contribuye a aumentar el aura de misterio que rodea esta obra de arte del gran músico de Salzburgo es la relación de Mozart con el universo esotérico, que se manifiesta concretamente con su afiliación a la masonería, y que se aprecia en la articulada trama simbólica de su obra *La flauta mágica*.

La última etapa de la vida de Mozart está envuelta por un velo de misterio. Sobre su muerte se han dicho muchas cosas.

A las causas naturales se añadió la sospecha de envenenamiento, pero de hecho no existen elementos para reconstruir con precisión el final de un músico extraordinario cuyo cadáver fue a parar a una fosa común.

Wolfgang dedicó la última parte de su vida a componer el *Réquiem*, por encargo de un misterioso ordenante que durante mucho tiempo se creyó que había sido el demonio.

Sin embargo, se ha empleado mucha fantasía para hablar de este personaje. No se conoce con exactitud su identidad, pero en estos casos es fácil caer en la tentación de buscar explicaciones irracionales, hallando olor a azufre incluso allí en donde Satanás no ha puesto nunca los pies...

Himno a Satanás y música *rock*

El conjunto de *hard rock* Emperor, en su *In the night eclipse* propone un Himno a Satanás que reproducimos íntegramente:

Oh fuerte Señor de la noche, maestro de las fieras, portador de espanto y desprecio.
Tú, que tu espíritu despliegas en cada acto de opresión, de odio y de conflicto.
Tú, cuya presencia aletea en todas las sombras.
Tú, cuya fuerza hace mortífero todo golpe de gracia.
Tú, que alientas las plagas y las tormentas.
Tú eres el Emperador de la oscuridad.
Tú eres el rey de los lobos que aúllan.
Tú tienes el poder de debilitar las luces. Sin piedad. Sin compasión ni voluntad de dar la respuesta a quien te pregunta por qué.
Tu pacto es tan incomprensible, y sin embargo tan grandioso.
Cada vez que Tú me consagras a Tu secreto, yo doy otro paso hacia Tu panteón.
Cada vez que quieras, sangraré por Ti.
Cada vez que quieras, invocaré Tu tremendo nombre.
Cada vez que Tú quieras, yo Te serviré. Tú, que por siempre prevaleces.

La tradición popular

El motivo del diablo, vencido por el hombre de distintas maneras, es uno de los temas recurrentes de las leyendas populares, frecuentemente marcadas por un carácter pedagógico muy significativo.

Según las antiguas creencias, el tentador se presentaba con distintos semblantes. Aparecía de pronto en una circunstancia extraordinaria (una explosión, una tormenta, un temporal de viento, etc.) o bien se mostraba, gracias a sus disfraces, en el espacio cotidiano de las personas. Tiempo atrás, los hombres veían la obra del diablo en la tormenta (a veces se definía el trueno como «el diablo en carroza»), en las granizadas, en el viento que, atravesando montañas, producía sonidos similares a lamentos y voces espectrales. El diablo y sus adeptos a menudo eran depositarios de secretos ancestrales y tenían la función de custodiar misteriosos tesoros, dificultando el camino a quien intentara profanar sus secretos para adueñarse de riquezas no humanas, demostrando así poseer una fuerza y una inteligencia superiores a las del maligno.

Sin embargo, su acción no se limitaba únicamente a intentar corromper al débil ser mortal (prometiéndole, a cambio del alma, riquezas, juventud, etc.), sino que a veces podía objetivarse con la intervención de una bruja: una figura híbrida, que ya no es mujer pero tampoco un demonio.

Este miedo atávico al demonio puede ser superado y parcialmente sublimado en el folclore, que con sus canciones aporta soluciones con claras intenciones irónicas.

> Aunque la creencia en el diablo tenía sus raíces en una gran y profunda angustia, sin embargo, la imaginación ingenua concedía a las figuras diabólicas colores tan vivaces y las hacía tan familiares para todos, que acababan perdiendo su aspecto aterrorizador. No es sólo en la literatura donde el diablo se presenta como un personaje cómico; Satanás se presentará al estilo de los cuadros de El Bosco, y el infernal olor a azufre se confunde con las correas de la farsa[37].

---

[37] HUIZINGA, J., *El otoño de la Edad Media,* Haarlem, 1919, p. 340.

Brujas nórdicas que provocan una tormenta (de un grabado que representa el De Gentibus septentrionalibus *del obispo luterano Olaus Magnus, 1555)*

En las distintas leyendas narradas como admonición, o como testimonio de un pasado mítico, Satanás en persona y las otras criaturas infernales acaban siendo derrotados por hombres astutos que, utilizando distintos medios, en gran parte cargados de simbolismo, logran superar las trampas de quien desearía guiarlos hacia el mal.

Esta forma totalmente antropocéntrica de entender la relación entre lo cotidiano y un inquietante mundo sobrenatural puede ser una confirmación de la capacidad humana de exorcizar el miedo a las fuerzas superiores e incontrolables por otros medios.

> El diablo podía ser un granuja tontorrón que jugaba en la iglesia y se divertía cambiando los bancos de sitio. También podía ayudar sinceramente a la gente, correspondiendo amabilidades y hallando objetos perdidos, si bien las personas a las que ayuda son poco recomendables, pues son herejes o ladrones. La estupidez y la conducta ocasionalmente servicial del diablo han dado pie a expresiones del tipo *pobre diablo*. El folclore normalmente tiene la intención de domesticar la figura del diablo[38].

---

[38] COCCHIERA, G., *Il diavolo nelle tradizioni popolari italiane,* Palermo, 1945, p. 268.

Las fauces del Infierno devoran a los pecadores (Livre de la Deablerie, París, 1568)

En la cultura popular, la figura demoniaca se utiliza a menudo con propósitos pedagógicos y moralistas, que las leyendas han absorbido en forma de señales míticas de uso propiamente educativo. De ahí la afirmación de una metodología a la que atenerse rigurosamente según un esquema simplificado y recurrente.

Actualmente el diablo, en el imaginario colectivo, muchas veces ya no es aquella figura definida y relegada a un ámbito concreto de la tradición cristiana, sino que, como una máscara de carnaval, penetra en los distintos contextos, convirtiéndose en guardián de tesoros imposibles, terrorífico habitante de antros sin fondo, de bosques oscuros y de montañas difíciles de escalar.

Debemos decir que es difícil efectuar una separación exacta entre el diablo del folclore y el de los «intelectuales» sin incurrir en errores que sólo la búsqueda «en el campo» puede excluir.

Según una interpretación muy difundida, la definición del diablo en la cultura popular tiene su origen en la literatura devocional y en la demonización de las prácticas paganas, que nunca han desaparecido del todo del tejido ritual del mundo rural.

Al primer ámbito pertenecen aquellas tradiciones hagiográficas que consideraban al diablo tentador de santos y personas pías; con el segundo están relacionadas las manifestaciones de posesión con trasfondo mágico, con un punto de referencia preciso en la brujería.

En el primer caso, el diablo estaría caracterizado por un comportamiento bufonesco y cómico; en el segundo, por el contrario, su modus operandi resultaría temible y sus acciones peligrosas para el hombre. En definitiva, debe observarse que la interpretación popular, que tiende a situar al diablo en un marco bufonesco y a menudo engañado por la inteligencia del hombre, en parte puede estar determinada por la exaltación materialista típica de las clases subalternas, y se opone directamente a la investigación espiritual de la cultura eclesiástica.

En general, en el folclore, el diablo, quizá para aligerar el peso del miedo que causa su imagen, se presenta «domesticado» —por decirlo de algún modo— y reconducido a un ambiente más próximo al del hombre.

> La creencia en el diablo hunde sus raíces en una gran y profunda angustia; sin embargo, la imaginación concedió a las figuras diabólicas colores vivaces, las hizo familiares y les arrebató su aspecto aterrorizador.
> En las expresiones más corrientes, el diablo no se ve como un espíritu del mal que causa desorden moral y físico, sino que más bien es la entidad molesta con la que se debe convivir a diario, un diablo de carne y hueso que no nos pone en situaciones tan graves como sería de esperar: el diablo no es tan fiero como lo pintan. En la tradición popular es un personaje despectivo y juguetón, igual que todos los duendes que han poblado el imaginario[39].

Debe observarse igualmente que en la Edad Media no era raro que se atribuyeran valores satánicos a algunas prácticas rituales, típicas de las tradiciones rurales. Un ejemplo muy significativo es el *Tractatus de diversis materiis praedicabilibus* escrito por el dominicano Etienne de Bourbon (1190-1265), en el que el autor condena como diabólicas las antiguas prácticas supersticiosas efectuadas en la campiña francesa para favorecer la curación de los niños.

> Las mujeres que tenían niños enfermos y débiles los llevaban a una villa fortificada, e iban a buscar a una anciana que les enseñaba el ritual para realizar ofrendas a los demonios, para invocarlos, y que luego les conducía a aquel lugar. Cuando llegaban allí ofrecían sal y otras cosas; colgaban en los arbustos de los alrededores las vendas del niño y clavaban clavos en los árboles que habían crecido allí; luego, hacían pasar al niño desnudo entre los

---

[39] BECCARIA, G. L., *I nomi del mondo. Santi, demoni, folletti e le parole perdute*, Turín, 1995, p. 138.

troncos de dos árboles: la madre, que se encontraba a un lado, cogía al niño y lo lanzaba nueve veces a la anciana, que estaba en el otro lado.
Invocando a los demonios, estas conjuraban a los faunos, que se encontraban en el bosque de Rimite, para que tomaran a aquel niño enfermo y débil que, decían, les pertenecía, y que, a cambio, les devolvieran a sus hijos grandes y rollizos, sanos y salvos, que ellos les habían arrebatado.
Después de haberlo hecho, las madres infanticidas cogían a sus hijos y los colocaban desnudos al pie de un árbol sobre la paja de una cuna, que encendían por los pies y por la cabeza con el fuego que habían traído, dos velas del tamaño de un pulgar, y las fijaban sobre un tronco; luego se apartaban hasta que las velas se habían consumido para no oír los gemidos del niño ni verlo [...]. Cuando las mujeres acudían a su hijo y lo encontraban vivo todavía, lo llevaban a las aguas impetuosas de un torrente cercano, llamado Chalaronne, en donde lo sumergían nueve veces: si sobrevivía y no moría inmediatamente, o poco después, era señal de que tenía las vísceras muy resistentes.
Nosotros fuimos a aquel lugar, reunimos a la población de esta tierra y predicamos todo lo que aquí se ha dicho. E hice que los señores de aquella tierra colgaran un edicto que preveía el secuestro y el rescate de los bienes de aquellos que a partir de entonces fueran a aquel lugar por este motivo (Biblioteca Nacional de París, Ms. lat. ff. 413-414).

Es significativo el hecho que el diablo de la cultura popular se caracterice por prerrogativas antropológicas concretas. Su presencia es objetiva y su intervención está dirigida al interior de la dimensión humana. Él es el artífice, en el bien y en el mal, de la fortuna o de la devastación de los hombres que entran en contacto con él. Su aspecto y su comportamiento se adaptan a las funciones de las que es protagonista, y en sus vicisitudes lo encontramos como una piedra angular en la estructura del mal y del pecado.

El Señor de las tinieblas presenta características que encontramos abundantemente en la iconografía demoniaca occidental; cuernos, ojos encendidos, vello, olor de azufre. Estas peculiaridades, documentadas en muchas leyendas y fábulas, pero sobre todo en las formas iconográficas elementales, fueron heredadas de la:

Forma más antigua y tradicional de la imagen demoniaca: la estructura medio humana o medio animal que deriva de la mitología antigua de los faunos, de los sátiros, de Pan, y en general de los habitantes del bosque o de las solitudes, que la polémica cristiana había transformado en demonio[40].

---

[40] DI NOLA, A. M., *op. cit.*, Roma, 1987, p. 318.

Encontramos un ejemplo particularmente significativo, que en parte confirma todo lo dicho, en un exorcismo efectuado en el 1600 en Issime (Valle de Aosta), contra un diablo (en el documento aparece con el nombre de Astarote), culpable de causar terremotos y hundimientos de tierra muy perjudiciales para los habitantes del lugar. El sacerdote encargado del exorcismo, Aníbal Serra, dejó una descripción detallada de los acontecimientos (Archivo de Estado de Turín, Ducado de Aosta, tomo 6, Issime n.º 1), y describe así al diablo Astarote:

> Una vez llegado a ella [la caverna en la que se escondía el diablo, N. del A.] vi una sombra deforme, y cuanto más la miraba más fea y espantosa me parecía, porque tenía más forma de bestia que de hombre. Estaba echado en el suelo, y de pronto se levantó. Al principio pensé que era un oso, luego un hombre salvaje, pero después lo reconocí como el verdadero demonio.
> Como estaba muy cerca de él con la luz, vi que tenía cuernos y cola como de buey, pies y manos como el oso, el rostro parecido al de un mono con los dientes puntiagudos y el resto del cuerpo desnudo, con la piel parecida a la de la serpiente.

El diablo visto por el exorcista es comparado con algunos animales, y en particular con la serpiente y el mono. La serpiente, como se sabe, es el animal tentador por excelencia, «el más astuto de todos los animales» (Génesis 3, 1) y es el aspecto que adoptó el diablo para inducir a Adán y Eva al pecado.

Menos conocidas son las asociaciones con el mono, aunque en la Edad Media el diablo también recibía el nombre de «la mona de Dios». El origen de esta definición estuvo determinada por las prerrogativas típicas de este animal «que quiere hacer siempre lo que ve que hacen los demás», cita extraída del *Liber de natura animalum*.

Directamente relacionado con la iconografía, el diablo del folclore puede adoptar características que destacan el papel fundamental en la difusión de principios totalmente consagrados a la celebración de los bienes materiales y del poder. Un ejemplo tradicional es adjudicar a los demonios la defensa de tesoros ocultos.

Al igual que el dragón, el ogro y el gigante, el diablo también custodia objetos de valor, muchas veces de procedencia dudosa, codiciados por los hombres pero que sólo unos pocos, los más hábiles y astutos, logran arrebatarle.

Estos tesoros suelen estar escondidos en cuevas o en puntos de difícil acceso de las montañas, y casi todos consisten en monedas y otros objetos de oro, valores extraordinarios que la sabiduría popular identifica como *excremento del demonio*.

Usos idiomáticos

En los proverbios y en el hablar popular, el diablo ocupa un lugar simbólico importante, sobre todo por su nada desdeñable peso en nuestro imaginario.

El proverbio nace de la necesidad de sintetizar conceptos y situaciones con un ejemplo en forma de sentencia que se transmite por vía oral, frecuentemente con versos o en forma de rima que facilitan la memorización. Tiene una función práctica y se fija en normas codificadas por el uso y adaptadas a cada circunstancia.

El proverbio, por su sincretismo, es fácil de memorizar, incluso en un contexto no letrado, o dicho de otro modo, con un alto grado de analfabetismo. La concisión y la rima del *dicho* hacen que sea fácil de utilizar, y propone una respuesta adecuada a las peripecias de la vida del hombre.

Si nos referimos a los proverbios y a los modismos (o frases hechas) que han pasado a formar parte de la tradición popular, podemos constatar que el diablo está caracterizado con peculiaridades típicas de la tradición cristiana: el demonio es tentador, intenta causar el desacuerdo, trabaja para destruir lo que el hombre ha construido y, sobre todo, busca continuamente almas para llevarse al infierno.

Veamos algunas de las expresiones más conocidas:

«Tener el diablo en el cuerpo» (ser muy travieso o agitado).
«Correr como alma que lleva el diablo» (alocadamente).
«Ser el abogado del diablo» (situarse contra el desarrollo más simple de los hechos).
«¡Al diablo con...!» (exclamación de enfado).
«Mandar (a algo o a una persona) al diablo» (desentenderse de ella).

Los proverbios sobre el diablo, ricos en sagacidad e ironía, recuerdan al hombre la fuerza de Satanás, y que conviene siempre intentar no tener relaciones con este ser, cuyo único interés es hacer triunfar el mal.

A título de ejemplo, diremos que:

«Sabe más el diablo por viejo que por diablo».
«Cuando el diablo no tiene qué hacer, con el rabo mata moscas».
«El diablo, harto de carne, se metió a fraile».

«Si me lleva el diablo, al menos que sea en coche».
«El diablo se deja coger por la cola, pero no se la deja arrancar».
«El diablo hace las ollas, pero no las tapas».
«Quien ha embarcado al diablo, debe estar en su compañía».
«A quien Dios no da hijos, el diablo le da sobrinos».
«Contra dos mujeres, ni siquiera el diablo puede decir algo».
«Si el diablo encuentra a un vicioso, le da trabajo de inmediato».

El diablo sin fronteras

Hay expresiones relativas al diablo que están en todos los idiomas. Veamos algunos ejemplos:

«El diablo figura de hombre suele tomar, para a los hombres mejor engañar»:
— italiano: *Il diavolo è padre della menzogna;*
— francés: *Le diable est le père du mensonge;*
— inglés: *The devil is the father of lies;*
— alemán: *Der Teufel ist ein vater der lüge.*

«El diablo se esconde detrás de la cruz»:
— italiano: *Il diavolo si nasconde dietro la croce;*
— francés: *Derrière la croix souvent se tient le diable;*
— inglés: *The devil sits behind the cross;*
— alemán: *Hinterm Kreuz versteckt sich der Teufel.*

Los lugares del diablo

La presencia del diablo está asociada también a la presencia de tesoros ocultos (*Le veritable dragon rouge*, Lille, 1521).

En la tradición popular, ocurre con frecuencia que algunos lugares con aspecto especialmente abrupto y considerados peligrosos o misteriosos por su conformación (una gruta profunda, una montaña difícil de subir, una zona con grandes rocas de apariencia inquietante, etc.) se suelen poner en relación con el diablo.

«Sillas» o «tronos» del diablo (rocas con características especiales) se encuentran en muchas poblaciones de Europa, y en algunos casos son objeto de prácticas rituales necesarias, según el dictado de las supersticiones locales, para hacer que el demonio no pueda inmiscuirse en la vida de los hombres (es prácticamente un eco de antiguas tradiciones basadas en el sacrificio o en las ofrendas a las divinidades paganas).

En este sentido, uno de los ejemplos que consideramos más significativos es el de una leyenda muy difundida y que se da en varias localidades, las tradiciones surgidas en torno al denominado *puente del diablo*.

Sustancialmente, estas leyendas se caracterizan por una estructura recurrente que, salvo pocas variantes locales, normalmente se reproduce bajo cánones estereotipados.

Racionalizando los elementos que caracterizan esta leyenda, podemos obtener el siguiente esquema:

- el diablo se ofrece para construir el puente (normalmente a un santo o a un ermitaño);
- el diablo invocado, casi nunca intencionadamente, sino con frases del tipo «si supiera a qué diablo encomendarme para tener un puente», o también «ah, si el diablo construyera un puente allí abajo»;
- el diablo se brinda a realizar el puente en muy poco tiempo, a cambio del alma del primer ser vivo que pase por él;
- jugando con el equívoco «ser vivo-animal», una vez construido el puente, al diablo se le envía un animal, normalmente un asno, un ternero, un cerdo o un gamo, aunque en la mayoría de los casos es un perro;
- a menudo, el diablo descuartiza a la víctima animal o la transforma en roca;
- en algunos casos, cerca del puente la tradición señala las presuntas «huellas» dejadas por el diablo furioso;
- más rara es la reacción del diablo; existe una variante según la cual el diablo se pone furioso y se propone destruir la ciudad del hombre que le ha tomado el pelo.

En estas leyendas, el puente realizado por Satanás se caracteriza por tener formas osadas, lo cual se asocia con el tema del puente peligroso, «estrecho como un cabello» o «como la hoja del cuchillo», que se cita en numerosas tradiciones sobre el viaje al más allá. Este tema, presente en muchas religiones, tiene una expresión especial en el texto *Visiones de San Pablo*, escritas con distintas variaciones desde el siglo IX al XII:

*La presencia del diablo está asociada también a la presencia de tesoros escondidos (*El verdadero dragón rojo*, Lilla, 1521)*

Y precisamente aquí, un puente estrecho como un cabello comunica este mundo con el paraíso: las almas de los justos lo atraviesan seguras, las de los malvados se precipitan al río que pasa por debajo.
En una visión del abad Joaquín (siglo XII) encontramos la misma imagen del puente estrecho y tambaleante que cruza un río infernal de azufre encendido, puente que los justos atravesarán veloces como águilas [...]; el recuerdo del puente estrecho como un cabello está fijado en el *Pentamerone* de Basile [...]. En el folclore de Friuli fue identificado por Paolo Toschi y persiste en las zonas rurales en una oración que se canta durante la agonía de los moribundos[41].

El tema dominante de la leyenda del puente del diablo podría tener algún vínculo con las tradiciones de los sacrificios. En general, el rito guarda relación con lo que algunos autores han definido como «sacrificio de la construcción», que se basa en la convicción de que determinadas construcciones (como puentes, castillos, etc.) se sostienen gracias a fuerzas naturales, a cambio de la contribución de una o más vidas. El carácter propiciatorio del sacrificio animal se ha conservado en la leyenda del puente del diablo y nos parece un elemento importante en el ámbito del estudio de los comportamientos rituales del hombre en relación con ciertas construcciones particularmente difíciles. Pero sobre todo, expresa la convicción arraigada de la necesidad de inmolar una víctima animal a una entidad superior, con el fin de aplacar su ira.

La tradición de bendecir una construcción nueva con un sacrificio ha conservado su solidez hasta tiempos relativamente recientes, a través de varias fórmulas rituales que, pese a cambiar de estructura, no han perdido los principios simbólicos primitivos.

En el caso de los puentes del diablo, el papel del chivo expiatorio lo hace un perro, animal que en la religión antigua estaba asociado con la muerte y con el universo oscuro y, por tanto, con la oscuridad en la que tradicionalmente se esconde el mal.

En la Edad Media cristiana, aun conservando la función primitiva de acompañante hacia la oscuridad del más allá, el perro también fue dispuesto junto a santos y mártires, consolidando así su imagen de fidelidad y coraje.

Otro lugar que en la tradición popular aparece como un sitio en el que el diablo encontró refugio es la caverna. En el mundo cristiano, estos antros, que fueron la morada de Mithra y de Eros, se convirtieron en el lugar del demonio. Es emblemático el testimonio que nos aporta el Apocalipsis (20, 1-2):

Luego vi un ángel que bajaba del cielo, y tenía la llave de la vorágine y una gran cadena en la mano. Y cogió el dragón, la serpiente antigua que es el diablo y Satanás, que seduce a todo el mundo, y en el abismo lo ató durante mil años.

---

[41] SEPPILLI, A., *Sacralità dell'acqua e sacrilegio dei ponti. Persistenza di simboli e dinámica culturale*, Palermo, 1977, p. 249.

La cavidad subterránea es, pues, el lugar de las tinieblas, y en el simbolismo religioso está generalmente relacionada con el infinito, con el misterio en el que casi siempre se mueven las criaturas rechazadas y temidas por el pueblo de la luz. En el simbolismo hebreo, la tiniebla era sinónimo de castigo divino sufrido bajo tierra: «Ata al diablo de pies y manos y ponlo en las tinieblas, abre el desierto y cúbrelo de tinieblas» (*Libro de Enoch* 10, 4).

El peligro viene del norte

El diablo se relaciona con determinados lugares y determinadas horas del día. Su dirección es el norte, dominio de las tinieblas y del frío penal; él prefiere Laponia, en donde guía los renos. Puesto que todas las iglesias se construían con el ábside en dirección este, el norte quedaba siempre a la izquierda de quien entraba. El diablo estaba al acecho en el lado norte de la iglesia, fuera de los muros. Por esta razón, nadie quería ser sepultado en esa área. En muchas culturas, la izquierda está relacionada con lo nefasto y con el peligro. En la Edad Media, el norte es la dirección del infierno[42].

Los sobrenombres del diablo

Como ya hemos visto, el diablo de la tradición popular tiene características bien diferentes de las que le atribuye la teología oficial. A veces, el Señor de las tinieblas acaba siendo burlado por el hombre y casi nunca logra imponerse a la inteligencia y el buen sentido. Estas características del diablo popular han resultado atractivas, sobre todo para los escritores que han estado profundamente influenciados por la tradición del mundo rural.

Además de Dante Alighieri, que concretamente en el Canto XXII del «Infierno» supo reconstruir un cuadro muy vívido de la imagen del diablo, otros escritores han sacado de la tradición popular a los protagonistas demoniacos de sus obras.

Un ejemplo muy interesante de esta influencia proviene de la gran cantidad de apelativos que tiene el diablo en el mundo rural. Dejaremos a Gian Luigi Beccaria la tarea de presentarnos un testimonio de las densas y casi siempre complejas relaciones que unen al diablo, el folclore y la literatura.

Significante y significado hacen alusión juntos a algún carácter grotesco y expresionista, como los sirvientes en las comedias de Della Porta, que en realidad son nombres de diablos (Farfarello, Satanasso, Barbagianni, Scaramella, Graffignino, Rampicone), o los «valerosos»: Tiradritto, Grignapoco, Squiternotto.

[42] Russell, J. B., *Il diavolo nel medioevo*, Roma, 1990, p. 47.

Folegno amplió la serie cómica en el canto XIX del *Baldus*, poblado por un enorme escuadrón de diablos que tienen nombres tomados de la tradición popular, o los tomó prestados de Dante (Rubicanus de Rubicante, Malabolza de Malebolge, Malabranca de los Malebranche, y Libicoccus, Barbarizza, Calcabrina, Farfarellus, Draghignazza, Malacoda, Grafficanis, Alichinus, Ciriattus, Scarmilius, Cagnazzus), de la Biblia y otros los inventó: Gambatorta, Malatasca, Stizzaferrus, Garapellus, Uriel, Futiel, Siriel, Melloniel, Zaffus, Taratar, los cuatro capataces de Lucifer, Grugnifer, Cutiferrus, Dragamas, Ursazzus, y los tres secretarios Calacrassus, Sesmilo y Poffi.

Otros diablos aparecen en Pulci de Morgante, Belgaafor, Rubicante, Milusse escudero de Astarote, Malachel (Macabel en España) que lleva a hombros a Carlo Magno hasta París. Astarote y Farfarello asistirán a la batalla de Roncesvalles como emisarios de Lucifer[43].

Los demonios pescan a los pecadores en la fosa de pez (grabado de G. Doré para una edición de la Divina comedia*)*

[43] BECCARIA, G. L., *op. cit.*, Turín, 1995, p. 138.

En el Canto XXII del «Infierno» encontramos, además, una serie de diablos que castigan a los pecadores sumergiéndolos en brea hirviendo. Dante los designa con sus nombre que, en la mayor parte de los casos, provienen de la tradición popular: Barbariccia, Rubicante, Ciriatto, Libicocco, Draghignazzo, Cagnazzo.

El diablo y las mujeres

Con frecuencia, las mujeres «son más listas que el diablo». En efecto, en las tradiciones populares no faltan afirmaciones del tipo «con una mujer, ni tan siquiera el diablo se salió con la suya» o «sólo las mujeres saben bien dónde duerme el diablo».

Las tradiciones que narran los intentos del diablo por casarse con una mujer son, sin duda, los ejemplos más claros de la superioridad de la mujer en materia de pecado y astucia.

El diablo-marido acaba muchas veces siendo víctima de la mujer ávida e interesada exclusivamente por el lujo. Encontramos ejemplos de ello en los *exempla* medievales (narraciones breves con fondo moralista que usaban los predicadores para ilustrar temas bíblicos o patrísticos), que constituyen la estructura portante de historias más articuladas como la que narra Machiavelli en *Belfagor el archidiablo* (1518). En este texto, Belfagor, después de haberse casado, sufre todo tipo de vejaciones por parte de su mujer, que lo convierte en un auténtico «pobre diablo»...

Machiavelli quizá tenía en mente leyendas e historias de la tradición popular, en las que se cuenta que para expulsar a un demonio de un poseído basta decirle que se le obligará a casarse.

El diablo y el sacerdote

El folclore nos propone otro personaje a quien, entre lo serio y lo divertido, se suele considerar muy amigo del diablo: el sacerdote.

En la tradición popular, este personaje destaca por su aspecto ambiguo, en el que muchos de los valores inminentemente espirituales están totalmente ahogados por instancias de orden material, y a menudo en clara contradicción con su función social. En general, este deseo de endemoniar se basa en la ignorancia respecto a los conocimientos que posee el sacerdote, que se interpretan como materia oculta y quién sabe si peligrosa.

> El sacerdote también es uno de los protagonistas de la narrativa popular: en algunas narraciones cómicas el clero se presenta como beneficiario de una condición económica privilegiada [...]. En otros lugares, se le presenta como el que da órdenes y ordena a la comunidad, gracias a su conocimiento único de las virtudes y los límites de sus fieles [...]. Con frecuencia, el sacerdote

da consejos, y en ciertos casos es a él a quien los fieles se dirigen para tener una intervención mágica. Así, el saber científico del clero emerge en una serie de historias de miedo⁴⁴.

Debemos observar que en los siglos XV y XVI no fueron raros los procesos contra representantes del clero acusados de magia y brujería. Estos episodios podrían haber condicionado el aura mítica del clero. Luciano Allegra, que dedicó un trabajado ensayo sobre la figura del párroco, especifica:

> Durante años podía moverse en una dimensión que es doble sólo a nuestros ojos: por un lado es cura, y por el otro es brujo, pero sus propios parroquianos lo recomponen en una única figura, la del mediador con lo oculto. Bautizar o predecir el futuro, consagrar una hostia o un sortilegio amoroso, confesar o sacrificar al diablo, eran otras caras de la función que la comunidad tendía a atribuirle⁴⁵.

Algunos autores argumentan la toma de posición por parte de las autoridades eclesiásticas, que demuestran claramente lo encarnizada que fue la lucha contra los *sacerdotes-magos*. El sustrato mítico y legendario que relacionaba al sacerdote con los oscuros designios del demonio estuvo alimentado por las acusaciones contra algunos religiosos, inculpados de la difusión de ideas heréticas y de formar parte de grupos disidentes del catolicismo. Tengamos en cuenta que la cultura folclórica, con sus múltiples expresiones coaguladas en la religiosidad, tuvo en la parroquia un crisol activo en el que tomaban forma manifestaciones sincretistas muy articuladas y complejas.

Pensemos en la convivencia de vestigios paganos en el sustrato ritual de algunas fiestas religiosas del mundo rural. No olvidemos tampoco las prácticas que tenían una función directamente terapéutica, en las que la experiencia religiosa y cultural se superponían a la acción «mendicante» llevada a cabo con la contribución de ingredientes típicos de la medicina popular.

En definitiva, cuando el «pastor de almas» resultaba ser un pecador, de modo que se asimilaba o incluso se igualaba con el pecador que la fe común endemoniaba y señalaba como adepto a Satanás; entonces, el fiel se sentía desorientado y perdía de vista los valores a observar según la moral cristiana.

En un universo en el que bastaba una «misteriosa» palabra en latín para que se perdieran las coordenadas de la «normalidad» que asignaban —y en parte todavía asignan— a cada uno un papel preciso, fijo e inalienable, el velo de misterio y de conocimiento ambiguo, que flotaba en torno al depositario de los ritos, se acentuaba y alimentaba el mito.

---

⁴⁴ PIROVANO, M., *La figura del prete nelle leggende di magia*, en *La Ricerca Folklorica*, n.º 36, 1997, p. 96.
⁴⁵ ALLEGRA, L., *Il parroco. Un mediatore tra bassa e alta cultura*, en *Storia d'Italia. Annali, intellectuali e potree*, n.º 4, Turín, 1981, pp. 897-947.

> El sacerdote aparece, al menos hasta hace unos decenios, como aquel que sabe y que, quizás, hace. Sabe ver en el futuro, consigue llegar hasta los autores del hurto, sabe cómo tratar a las almas inquietas de los muertos, sabe qué le puede suceder al impertinente y al que transgrede las reglas sociales con el insulto, conoce las fórmulas para diagnosticar y curar las lombrices. De él se cree que sabe frustrar las bromas impertinentes y los actos sacrílegos, que es capaz de controlar las tormentas y las calamidades naturales[46].

Todas estas presuntas prerrogativas del sacerdote tienen conexiones concretas con un episodio expuesto en el famoso estudio de Marc Bloch sobre reyes taumaturgos.

> Jean de Vitry, autor de sermones, dice de fuente segura que para cortar una epidemia que había estallado en un pueblo, los campesinos no hallaron mejor solución que sacrificar a su párroco.
> Un día, mientras en hábito sacerdotal estaba enterrando a un muerto, lo empujaron a la fosa junto al cadáver [...]. Así, el poder que la opinión común atribuía al consagrado adquiría un carácter temible y fastidioso; sin embargo, la mayor parte de las veces se consideraba beneficiosa. Ahora bien, ¿existe un beneficio mayor y más evidente que la salud? A todo el que, en el grado que fuera, participara en cualquier consagración se le atribuyó fácilmente el poder curativo[47].

El *Romance de Fauvel*

El *Romance de Fauvel,* escrito durante los veinte primeros años del siglo XIV, tiene como objeto una alegoría del mal, expresada con las semblanzas de un caballo de color leonado.

En una parte del *Romance de Fauvel* se hace alusión al *charivari* (rito popular practicado con motivo de segundas nupcias). El texto constituye uno de los testimonios más importantes para conocer una tradición muy extendida, que ha tenido distintas consideraciones y que fue considerada endemoniada por la Iglesia hasta y durante todo el siglo XVIII, tal como demuestran los documentos sinodales.

El nombre Fauvel está formado a partir de *faux* «falso» y *vel* «velo», que sugiere el engaño y el disimulo. Además, contiene las iniciales de *flatterie* «adulación», *avarice* «avaricia», *vilenie* «bajeza», *vanité* «vanidad», *envie* «envidia», y *lacheté* «villanía».

---

[46] PIROVANO, M., *op. cit.*, n.º 36, 1997, p. 97.
[47] BOLCH, M., *I re taumaturghi*, Turín, 1973, p. 55.

Hellequin está lejos del padre de Arlequín, representado en esta estampa popular con su cara infernal

En el texto se cuenta que el malvado Fauvel, en el momento en que se dispone a celebrar las bodas con Vanagloria, es interrumpido por una ruidosa procesión.

Hellequin parece ser un reclamo para el demonio Herlechinus, antepasado lejano de la máscara de Arlequín.

En otro pasaje del *Romance de Fauvel* se explica que algunos personajes que participan en el charivari «llevan consigo dos ataúdes / en donde hay gente demasiado hábil / para cantar la canción del diablo. / El uno es un charlatán / el otro se va y viene con el viento» (vv. 733-746).

Los estudiosos que se han ocupado del charivari sostienen que, según la tradición folclórica, los participantes «demasiado hábiles» deben identificarse con las almas de los condenados.

Confirman esta interpretación las miniaturas del *Romance de Fauvel* que ilustran los distintos aspectos de la «campanada», ofreciendo una imagen bastante clara de los charivari. Al parecer, estas ilustraciones son las más antiguas sobre este tema.

> En una de estas están representados los muertos (en cuyo centro hay una cabeza de muerto de piel negra y dientes vacilantes), dispuestos de una manera que no se precisa en el texto. En cada uno de los ataúdes aparecen tres cabezas cubiertas, una de ellas de hombre, bajo tres arcos festoneados que sugieren una arquitectura religiosa o más bien un triple relicario. ¿La inversión del charivari culminaría aquí con la parodia del culto a los santos?[48].

---

[48] Le Goff, J. a cargo de J. C. Schmitt, *Le charivari,* París, 1981, p. 23.

El charivari tenía la función de suscitar a quienes asistían al ritual la emoción de la aparición de los muertos, que entre rito y juego debía obstaculizar el matrimonio de los viudos.

En general, el charivari preveía un ruidoso cortejo enmascarado, que tenía la función de escarnecer el segundo matrimonio de las viudas y de los viudos. Esta tradición se afirmó sobre todo en el siglo XIV, y sirvió para controlar las costumbres según las reglas morales que condicionaban la interpretación cristiana.

En el *Romance de Fauvel*, el charivari es consecuencia de la boda de Fauvel con Vanagloria, y se expresa con toda su fuerza en la noche de bodas, siguiendo un modelo recurrente en el folclore.

Este texto —fragmento 682-765—, proviene de la interpolación del manuscrito B. N. f. fr. 146; (aquí nos referimos a la tradición de M. Lecco, *Roman de Fauvel*, Milán-Trento, 1998):

Nunca tanto charivari
fue hecho por los pillos de los hornos
como se hace en los cruces
de las ciudades, en medio de las calles.
No hay hombre bajo el cielo
que pueda describirlo,
por mucha imaginación que posea.
Los que lo conducen se meten por todas partes,
sin temer a Fauvel y a los suyos.
Están bien avisados
y no dan crédito a sus enemigos.
De cómo se produjo
este charivari cuenta
un poco la historia
que se hace aquí para recordar.
Van enmascarados con osadía:
algunos se han vuelto los vestidos
y se han puesto del revés las guarniciones;
otros se han puesto
vestidos de saco y sayos monacales:
a duras penas se podría reconocer a alguno,
de tan pintados y disfrazados:
estaban dispuestos a cualquier locura.
Uno llevaba una gran sartén,
otro una parrilla, un gancho y un
mortero, y otro un vaso de cobre,
y todos hacían gestos de borracho;
otros tenían una aljofaina, y le daban golpes
tan fuertes que aturdían a todo el mundo.

Uno tenía cencerros de vaca
cosidos en los muslos y en las nalgas
y encima grandes cascabeles
de sonido agudo y penetrante,
otros tambores y címbalos
y grandes instrumentos feos y horribles,
y castañuelas y martillejos,
de los que salían otras estridencias
y notas indecibles.
Uno empuja y otro tira,
y así arrastraban un carro,
dentro del cual había
un aparato hecho con ruedas de carreta,
robustas, rígidas y muy bien hechas;
cuando giraban
golpeaban seis barras de hierro,
bien clavadas y fijadas
dentro de los ejes. Ahora escuchadme:
un sonido tan fuerte e inhabitual,
tan alto y espantoso
producían al golpear,
que no se habría oído a Dios enviar los truenos.
Luego soltaban tales gritos,
que jamás se oyó igual;
uno muestra el culo al viento,
el otro rompe el alero de un tejado,
el otro ventanas y puertas,
y otro echa sal en los pozos,
y otro escupe a la cara.
Eran verdaderamente horribles y salvajes,
y en la cabeza llevaban máscaras barbudas.
Con ellos arrastraban dos ataúdes,
en donde había gente demasiado apropiada
para cantar la canción al diablo.
Uno grita cestas y cedazos
el otro de qué lado viene el viento.
Había con ellos un gran gigante,
que se avanzaba imprecando;
vestía con lana de la buena;
creo que era Hellequin,
y todos los demás su ejército,
que lo sigue lleno de furia.
Montaba un alto rocín,

tan gordo que para San Quintín,
se le habría podido contar las costillas
y subirse a él como si fueran escalones,
para ser cubiertos con tejas o barras:
parecía que volviera del exilio.
Era en verdad algo espantoso
de ver, puedo decirlo.
No ha habido nunca un charivari tan perfecto,
por los disfraces, por dichos, por hechos,
como fue aquel en todos los aspectos;
no tenían las bocas cerradas
para gritar y vociferar.
Gustara o no a alguien,
Fauvel no llegó a verlo,
mucho más le importaron los premios
que habría tenido con su esposa,
que honró como su amada.

El cristianismo, que profesaba una clara antipatía por las segundas nupcias, no hizo más que seguir las antiguas tradiciones romanas, que consideraban a la mujer que se casaba por segunda vez una persona intemperante y libidinosa. Este concepto era tan fuerte que sólo se concedía la corona de la modestia a las esposas de primeras nupcias, y sólo las mujeres que estaban casadas una sola vez estaban admitidas para presidir otros matrimonios.
A las doncellas se les prohibía asistir a las bodas en días festivos, prescripción que no afectaba a las viudas, que carecían del honor virginal, una condición de rigor para la admisión de las mujeres en los sacerdocios mujeriles. Estaban, pues, excluidas del culto en honor de la Fortuna Mujeril y de la castidad las mujeres casadas por segunda vez, al menos hasta los tiempos de la decadencia [...].
Esta comunidad de sentimientos fue general en toda Europa, como fueron generales las manifestaciones de desprecio, hasta el punto que el Concilio de Verona de 1445 prohibió el *charivarium* bajo pena de excomunión[49].

En el libro *Dei baccani che si fanno nelle nozze dei vedovi, detti volgarmente cembalate o scampanate* de Bartolomeo Napoli, impreso en 1772, vemos que generalmente la *campanada* se caracterizaba por versos y gestos obscenos, con la intención de exagerar los defectos de los esposos. Se componían canciones en las

---

[49] POLA FALLETTI VILLAFALLETTO, G. C., *Le gaie compagnie del giovani*, Casale Montferrato, 1937, p. 20.

que la esposa era un personaje de burdel, el marido se pintaba como un vejestorio, carne de hospital, y a veces su caricatura era llevada en público como un burlesco trofeo.

Con el acompañamiento de músicas estridentes, hechas con todo tipo de instrumentos rústicos, y con gritos y silbidos, era costumbre lanzar al aire, delante de la casa de los esposos, granadas encendidas. Y esto podía repetirse cinco noches seguidas.

El charivari se entronca en parte con el mito de la horda salvaje que, en el sustrato indoeuropeo se utilizaba como instrumento represor contra quien infringía las normas de la comunidad religiosa pagana.

En los años 1329 y 1330 el sínodo de Compiegne condenaba abiertamente «los juegos llamados charivari», y amenazaba con la excomunión a los participantes. Pocos años después, el sínodo de Avignon (1337) consideraba las distintas formas de charivari de los «juegos inconvenientes» en los que «las máscaras de los demonios» que usaban los participantes delataban su origen pagano. Por otro lado, se acusaba a la campanada de contrastar con el sacramento del matrimonio, poniendo de relieve también los valores que podían surgir entre los parámetros del alboroto y las víctimas de la burla.

Pero en los testimonios más antiguos sobre el rito del charivari, «cuyo objetivo era controlar las costumbres (sobre todo, sexuales) del pueblo, se podía identificar a jóvenes alborotadores con máscaras en las hileras de los muertos, guiados por seres míticos, como Hellequin»[50].

Más allá de su función de control moral, esta tradición recomponía el miedo antiguo del retorno del marido muerto para castigar a la viuda infiel. Es emblemático el hecho de que los participantes llevaran la esfinge del difunto.

En este sentido, la máscara del charivari es el producto sincretista de tensiones psicológicas muy fuertes, ligadas con el miedo al retorno violento del muerto, que tenía en las peticiones moralizadoras de la Iglesia medieval un gran apoyo para vestir con símbolos nuevos el terror atávico de la venganza de los fantasmas.

Cabe añadir que el charivari puede ser considerado un rito social contra los intercambios matrimoniales que se salían de las normas. En la Inglaterra de los siglos XVIII y XIX:

> El charivari apuntaba no sólo a los protagonistas de matrimonios anormales, sino a todos aquellos que por una razón u otra estaban contra la comunidad, infringiendo la ley no escrita. En la Inglaterra de los siglos XVIII y XIX el charivari se había convertido, de hecho, en una justicia popular simbólica[51].

En general, los estudiosos coinciden en atribuir al charivari una función social, con connotaciones simbólicas a menudo ligadas al imaginario rural, en donde fi-

---

[50] GINZBURG, C., *Storia notturna. Una decifrazione del sabba,* Turín, 1989, p. 171.
[51] *Ídem, op. cit.,* Turín, 1989, p. 171.

guras de la mitología popular, demonios de la religiosidad cristiana, daban vida a una representación caracterizada por su aspecto inquietante.

Según Carlo Ginzburg, en el charivari se pueden identificar, en el plano de la apariencia, algunos elementos que constituyeron el humus del sabbat:

> A principios del siglo XIV, los participantes en los ruidosos cortejos del charivari personificaban, a ojos de los espectadores, las filas de los muertos errantes guiadas por Herlechinus. Es un ejemplo del isomorfismo, a veces explícito, a veces latente [...]. La aparición, medio siglo más tarde, del sabbat diabólico deformó esta simetría hasta hacerla irreconocible[52].

En esta orgía de ruidos y violencia, las leyendas aportan también los espectros de perros muy feroces y diabólicos, que con los otros participantes perseguían a las desconocidas presas.

En el *Romance de Fauvel*, el charivari se describe detalladamente y no faltan detalles que permiten conocer, junto con el contenido de las miniaturas, el efecto escenográfico de cada rito, en el que se pueden encontrar referencias al mito de la «caza salvaje».

Forman parte del disfraz «vestidos del revés», «vestidos monacales» y «campanas cosidas a los vestidos». Los participantes, «dispuestos a cualquier locura», hacían gestos sin sentido «como borrachos», pero su función principal era producir ruido por el medio que fuera, con una simple sartén o con un sofisticado sistema mecánico montado en una carreta.

«Instrumentos feos y horribles» formaban la base musical para el triunfo del caos en el que los gestos goliardos «uno muestra el culo al viento» se unían a actos destinados a causar daño a la colectividad.

La transgresión y la inversión carnavalesca encuentra en la máscara un refugio para esconder la identidad y, al mismo tiempo, para aclarar el vínculo con el «otro» mundo, que contrasta con el que compartimos todos.

«Eran [...] salvajes» que cantaban la «canción del diablo», y entre ellos estaba Hellequin, con «su ejército [...] lleno de furia».

Salvaje-diablo-Hellequin: un vínculo muy estrecho que, como ya hemos dicho, remite, en la tradición folclórica, al mundo oscuro de ultratumba.

Historias de diablos...

En el folclore de numerosos países encontramos personajes fantásticos que tienen la misión de «fastidiar» a los hombres. En Occidente, estos personajes son, por ejemplo, los gnomos o los elfos, pero en muchas ocasiones esta función la lleva a cabo el diablo. Un diablo que, como ya hemos visto, a menudo es derrotado por la astucia del hombre y acaba siendo víctima de su propia presunción.

---

[52] GINZBURG, C., *op. cit.*, Turín, 1989, p. 171.

El diablo burlón

Los estudiosos del folclore, cuando se encuentran ante estos personajes irritantes, les dan un nombre concreto, *trickster*, el ser despectivo que perjudica al hombre con acciones no malvadas, sino destinadas a perjudicarlo pero sin ensañarse con su víctima.

El término *trickster* tiene muchos significados. Puede definir a un embrollón, un estafador, un tipo ameno, un duende que realiza juegos de habilidad... En la literatura etnológica, el *trickster* aparece con frecuencia, ya que mitológicamente tiene la función de alterar el orden positivo de un proyecto definido y, por lo tanto, de convertirse en un chivo expiatorio de origen sobrenatural para justificar muchos de los pequeños incidentes cotidianos.

En el mundo clásico, este ser se puede identificar con Heracles, Hermes o Prometeo. En la cultura popular, el *trickster* aparece en varios episodios que demuestran su caprichoso estro, generalmente poco temido, aunque sin perder nunca la sutil ambigüedad de fondo que hace inquietante tal imagen.

El diablo cojuelo

Diable boiteux, gambastorta, hinkende teufel, diable zop o *diablo cojuelo* son algunos de los nombres dados al diablo y que hacen alusión a su malformación física, cuyo origen es bastante misterioso.

Si nos atenemos al Antiguo Testamento, que probablemente ha influido, en parte, en la imagen del diablo cojo, encontraremos algunas indicaciones singulares. Por ejemplo, en el Levítico (21, 18) se dice que los cojos no eran aptos para el sacerdocio, mientras que en el Libro de los Reyes (18, 21) cojear es metáfora de ceguera espiritual.

El tema de la lesión física que indica una lesión espiritual ha condicionado profundamente la actitud del hombre ante personas portadoras de anomalías: una actitud que se expresa con crudeza en el lema *cave signatis*.

En la cultura popular, se consideraba que los defectos en el andar eran consecuencia de un castigo divino en la persona. En este sentido, se puede plantear la hipótesis de que la idea del «marcado» como ser ligado al mundo del pecado puede haber contribuido a formar la imagen del diablo cojo que se acerca al hombre para intentar llevarlo al mal. Quizá no es casual el hecho de que la zorra que tienta al Pinocho de Collodi sea coja. Una antigua leyenda sostiene, más prosaicamente, que el diablo es cojo debido a su caída del cielo.

La abuela del diablo

En la tradición popular del norte de Europa se cuenta que el diablo tiene incluso una abuela. Es Holda, una divinidad relacionada originariamente con los cultos de la fertilidad y que, a consecuencia de la presión ejercida por los cazadores de brujas, se convirtió en la figura principal del aquelarre.

Encontramos a Holda en la religión arcaica alemana también con otros nombres (Holla) y a menudo se asocia o se confunde con Berchta (diosa del destino de los celtas).

En el folclore medieval, Holda es la guía de la caza salvaje en la que participaban espectros, demonios y criaturas monstruosas.

El diablo y los peregrinos

En los *Diálogos de los milagros* de Cesario de Heisterbach encontramos un curioso episodio que pone en evidencia que el diablo, cuando se insinúa con maldad entre los hombres, a veces acaba siendo derrotado por el bien.

> Dos ciudadanos de Colonia, hombres ricos, honestos y muy amigos el uno del otro, partieron juntos para Santiago de Compostela. Uno se llamaba Sistapo y el otro Godofredo. Un día, mientras cabalgaban solos (todos los demás compañeros se habían adelantado), el diablo, envidioso de su amistad y concordia, rompió en dos partes el bastón que Godofredo llevaba colgado a la espalda. Este, viendo que no había nadie más, espetó a su compañero: ¡Vaya, hermano! ¿Por qué me has roto el bastón? El otro juraba no haber hecho nada, pero Godofredo se enfureció tanto con su compañero, que este a duras penas logró pararle las manos. Pero al final, por gracia de Dios y por méritos del beato apóstol, recuperó la sensatez y pidió perdón al amigo que tanto quería. El diablo, origen de toda discordia, huyó confundido.

El idioma que el diablo no aprendió

La lengua vasca o euskera es el único idioma de toda la Europa occidental que no pertenece al tronco indoeuropeo. El vascuence es una lengua muy difícil de aprender, y muy pocos no vascos logran hablarla. Tiene ocho dialectos y veinticinco subdialectos y, además, la sintaxis puede variar de un pueblo a otro.

Una leyenda local narra que una vez el diablo, estando en la Tierra, decidió pasar un tiempo en el País Vasco. Pero a pesar de que estuvo allí más de siete años, durante todo aquel tiempo y a pesar de todos sus poderes, sólo logró aprender dos palabras: «sí» y «no».

Exorcistas, endemoniados y la psique

Cada año, millares de personas poseídas, o que creen estarlo, se dirigen a exorcistas oficiales (sacerdotes autorizados por la Iglesia para desempeñar esta importante función) para ser liberados de trastornos de varios tipos, de los que serían víctimas a causa de la acción del demonio.

Dolores físicos y morales, además de experiencias aparentemente inexplicables sólo por medio de la razón, producen efectos graves en personas de todas las edades, sexo y condición social.

Los exorcistas reconocidos, aquellos que año tras año están en contacto con todas aquellas personas que dicen ser víctimas de la posesión, son muy cautos antes de hablar del diablo. En efecto, en muchos casos quienes creen que son víctimas del demonio, en realidad son prisioneras de sus propios miedos, sufren psicosis, alteraciones psicológicas que un médico, neurólogo o psiquiatra puede solucionar.

En el noventa por ciento de los casos no sirve ni el agua bendita ni el *rituale romanorum*, sino que se necesita paciencia, buenos consejos y la capacidad para indicar un camino que propicie el conocimiento de uno mismo. Pero por desgracia, no siempre es fácil hacer que impere el sentido común, en cuanto que intervienen factores psíquicos y fisiológicos que hacen difícil una valoración serena de los que creen estar poseídos.

Las crónicas de los periódicos, de vez en cuando, narran sucesos sobre casos de presunta posesión que acaban en acciones devastadoras, que causan siempre efectos de mucho peso, tanto en el plano psíquico como físico.

Así pues, resulta difícil reconstruir un retrato robot exacto del cliente del exorcista, pero por lo general son personas que han demostrado tener una cierta predisposición por lo oculto. También están los débiles, que caen fácilmente en los engaños de sectas y congregaciones sui géneris. Otros son los que ven a Satanás por todas partes, se autosugestionan y recurren a magos o similares en busca de una improbable serenidad, que creen poder alcanzar con filtros y ritos, cuando en realidad no hacen más que caer en el remolino de la irracionalidad, en donde la superstición acaba adueñándose de todas sus acciones.

La presunta posesión es, en muchos casos, fruto de trastornos más o menos graves de la personalidad que alteran la dimensión real de los hechos y sumen al individuo en la desesperación.

Las actividades maléficas

Según los teólogos, la posesión diabólica es el efecto de la denominada actividad maléfica extraordinaria. Sintetizando, se trata de la presencia del demonio en el cuerpo humano, hasta el punto de ahogar la propia voluntad de la persona, que se convierte en un instrumento ciego, dócil y sumiso al poder satánico.

El poseído alterna periodos de calma y de crisis, y muestra una profunda aversión por todo lo sagrado, además de una serie de conductas y dolores físicos variables según el caso. Con frecuencia, la víctima tiene un comportamiento exterior muy parecido al que causan determinados trastornos psíquicos que se caracterizan por el desdoblamiento de la personalidad y por formas variables de esquizofrenia.

Hiperexcitación de las extremidades, relajación o rigidez del cuerpo, cambios y contorsiones, actos blasfemos y sacrílegos, todo ellos forman parte del estado típico que caracteriza a los endemoniados.

Tiempo atrás, cuando la posesión todavía era un fenómeno poco estudiado por la ciencia médica, el exorcista actuaba más en el plano simbólico que en el terapéutico, según una metodología que encontramos en varias religiones (por ejemplo, en el chamanismo). Francesco Maria Guazzo (o Guaccio) (1570-1640) en el capítulo «*Dei segni per conoscere i demoniaci o le persone colpite da semplice maleficio*» de su tratado *Compedium maleficarum*, advertía que era bastante difícil identificar con precisión los signos indicativos de la posesión, sin confundirlos con otros síntomas de otras enfermedades.

En todos los casos efectuaba una primera valoración general, dividiendo los síntomas en dos órdenes: los típicos de las manifestaciones sensoriales y fisiológicas y los que tenían el origen en motivos que hoy denominaríamos paranormales.

La primera fenomenología era muy vasta, y abarcaba una gran cantidad de efectos que iban desde la palpitación en la garganta, la abstención de alimentarse o la búsqueda alocada de comida, hasta los dolores en determinadas partes del cuerpo. En definitiva, síntomas que en gran parte podían estar producidos por causas de orden psicológico y neurológico, que se registran en patologías como la ansiedad, las crisis de pánico o la depresión.

En el segundo grupo de síntomas colocaban experiencias como la capacidad de hablar idiomas desconocidos, realizar otras actividades sin tener conocimiento previo de ellas o perturbarse con motivo de ritos o en presencia de objetos vinculados con lo sagrado. Es indudable que este conjunto de síntomas, todavía hoy señalados en las personas consideradas endemoniadas, guarda muchas similitudes con los trastornos y las enfermedades psiquiátricas, por lo que es difícil separar con el rigor debido un fenómeno físico de otro extraordinario.

Por esta razón, la Iglesia es muy cauta a la hora de autorizar el exorcismo, ya que antes de hablar de demonio es fundamental haber despejado todas las dudas acerca de la existencia de una posible patología.

Los expertos subdividen los maleficios diabólicos en cinco categorías:

- infestación diabólica: la acción maléfica se expresa en lugares y objetos;
- trastornos físicos externos: sufrimientos producidos por acciones externas (golpes de distintos tipos, sobresaltos, bofetones, etc.). Son fenómenos que casi

nunca tienen evoluciones graves y de los que tenemos indicios en las experiencias vividas por los santos;
- acciones encaminadas a perjudicar, de vez en cuando, y casi siempre de modo leve, a quien es víctima del maleficio;
- posesión diabólica: forma grave que causa efectos que pueden ser destructores y presenta conexiones con el ámbito de las patologías psiquiátricas;
- vínculo con Satanás producido por un pacto efectuado con fines materiales.

Actualmente, el psicoanálisis y la psiquiatría contribuyen en gran medida en la búsqueda de una respuesta racional al fenómeno de la posesión diabólica. Por lo menos, sirven para que antes de hablar de demonio, se pueda excluir cualquier posible causa de origen físico.

Entonces, ¿qué ocurre con el diablo? En realidad, las cosas no son tan simples. De cien casos de presunta posesión, que pueden ser resueltos con el tratamiento de la mente y del alma, hay algunos en los que, según los expertos, se huele claramente el olor a azufre.

Son pocos los casos en los que el exorcista recurre al rito propiamente dicho, ya que casi siempre las terapias médicas y psicológicas permiten obtener buenos resultados. Sin embargo, sigue habiendo un pequeño porcentaje de poseídos de verdad, y hay que admitir que la maldad puede proporcionar el marco para realizar acciones consideradas reprobables: la historia lo demuestra, y las crónicas de todos los días lo confirman.

Uno de los signos que normalmente distingue a los endemoniados es la capacidad de hablar idiomas desconocidos, manifestar conocimientos sobre hechos lejanos, mostrar una fuerza física que no se corresponde con la edad y el estado de salud y, sobre todo, una fuerte aversión hacia Dios.

Hoy en día, la Iglesia, para la que más de un siglo de estudio de la mente humana no ha transcurrido en vano, en la presentación de la nueva versión de *De exorcismis et supplicantionibus quibusdam* «De todo tipo de exorcismos y de súplicas» —el original se remonta a 1614—, advierte sobre la necesidad de prestar mucha atención «a las artes y tretas que usa el diablo para engañar al hombre», y recurrir al rito del exorcismo sólo cuando han sido excluidos todos los motivos de orden psicofísico.

Las características del exorcismo

El término *exorcismo* deriva del griego *exorkizo* y significa «conjurar», que se corresponde con el término del latín *adiuratio*.

En general, con exorcismo se indica, incluso fuera de la práctica religiosa tradicional, un rito esencialmente purificador y defensivo. A diferencia de la bendición, que no está ligada a la posible presencia de situaciones negativas en la persona a quien está dirigido el rito, se procede al exorcismo cuando se cree que intervienen presencias negativas. En nuestra cultura occidental este rito suele consistir en el alejamiento del poder nefasto del diablo que ha penetrado en una persona o en un lugar.

El exorcismo, que puede darse en varios niveles religiosos, normalmente propone una serie de características precisas:

- actúa en dirección a situaciones negativas en hombres, animales y cosas;
- la negatividad contra la cual actúa el exorcismo presenta diversas formas, de las cuales la posesión es la representación más emblemática;
- tiene un aspecto simbólico muy fuerte, que se sirve de la palabra y el rito;
- en las distintas religiones, la práctica del exorcismo está reservada a ciertas categorías de operadores (el exorcista católico, el chamán, etc.) que, mediante fórmulas y rituales característicos de sus tradiciones respectivas, intentan luchar a varios niveles contra el poder de los demonios;
- el exorcismo adopta peculiaridades permanentes mediante la eficacia reconocida a algunos objetos que se consideran dotados del poder para alejar la acción negativa (imágenes sagradas, reliquias, y también amuletos y talismanes de distintos tipos).

El padre Corrado Balducci, una autoridad en el terreno de la demonología, nos describe sintéticamente el exorcismo:

> El exorcismo (me refiero al oficial) pertenece a la categoría de los sacramentales, es decir, a aquellos ritos sensibles instituidos por la Iglesia para justificar y producir efectos especialmente espirituales; como tal, su eficacia deriva no sólo de las disposiciones del exorcista y del paciente, sino también de las plegarias de la Iglesia, que ante Dios tienen un valor particular. Especialmente si por motivo de estas, su eficacia es muy grande. Sin embargo, no es infalible, ya sea porque las mismas plegarias de la Iglesia, según la economía divina ordinaria, no tienen un efecto seguro, o bien porque el poder que tienen sobre los demonios no es absoluto, sino que está condicionado al beneplácito del poder divino, que a veces podría tener motivos justos para retrasar o prohibir su salida. Esto no contradice la forma imperativa del exorcismo, ya que la condición tiene que ver con la voluntad divina y no con la demoniaca, plenamente sujeta de por sí al poder eclesiástico.
> Al determinar la eficacia, es evidente que Dios no puede descuidar a la persona del exorcista y al paciente; por este motivo, la Iglesia insiste en la conducta intachable del exorcista y en las ayudas espirituales que, tanto en el sacerdote como en el endemoniado, a la vez que desconciertan y debilitan la repugnancia de Satanás, contribuyen mucho a la obtención de la gracia deseada[53].

En general, los exorcismos pueden considerarse de tres tipos:

- el exorcismo bautismal, para liberar el ánimo de la esclavitud de Satanás;

---

[53] CALDUCCI, C., *La posesión diabólica*, Roma, 1974, p. 121.

- el exorcismo en endemoniados, que aleja al diablo de la víctima en quien se ha insinuado;
- el exorcismo para lugares y para cosas, utilizado para expulsar a los demonios de áreas infestadas.

Durante los primeros siglos del cristianismo no se aplicaban fórmulas específicas para exorcizar, y por el contrario estaba bastante difundido el poder carismático de los fieles: es decir, el don extraordinario de alejar a los demonios.

En la tradición patrística, el ritual exorcista aparece en el siglo III ligado al bautismo de los catecúmenos. Más tarde, se consolidaron también rituales simbólicos más complejos, desde el signo de la cruz al *afflatus*, aplicado para alejar a los demonios (se refieren a él Tertuliano, *Apologeticum*, 23 y Eusebio, *Historia Eclesiástica*, 8, 10, 4). El primer testimonio oficial sobre la práctica esotérica con modalidades bien definidas se remonta al siglo V, y está incluido en los *Statuta ecclesiae latinae*. Otras fórmulas están contenidas en el *Missale gallicanum vetus* (siglo VIII); en el *Codice monacense latino;* en el *Codex vindobonensin palatinus* (siglo X); en el *Liber super eum, qui spiritu immundo vexatur* (siglo XI).

> Las fórmulas exorcistas se desarrollaban según un esquema más o menos consolidado. Contenían una invocación a nombres poderosos, una orden al demonio de abandonar la víctima, una detallada indicación de las distintas partes del cuerpo que se consideraban poseídas y, en algunos casos, la referencia a pasos evangélicos precisos que narraban exorcismos llevados a cabo por Jesús y los santos[54].

Las compilaciones más conocidas de fórmulas exorcistas son:

TÍTULO	FECHA	AUTOR
Flagelum daemonum e fustis daemonum	1589 y 1590	Girolamo Menghi
Practica exorcistica e dispersio daemonum	1606	Valerio Polidorus
Complementum artis exorcisticae	1606	Zaccaria Vicecomes
Jugum ferreum Luciferi	1676	Gómez
Manuale exorcistarum	1720	Bragnolo
Gran dizionario infernale	1871	Pigué
Le livre secret des grands exorcismes et bénédictions	1908	Abbé Julio

Muchas compilaciones de temática exorcista proponen una conmistión de prácticas rituales en las que es palpable la convivencia entre tradiciones doctri-

[54] DI NOLA, A.M., *op. cit.*, Roma, 1987, pp. 294-295.

nales canónicas y reminiscencias mágicas y simbólicas típicas de la tradición popular. Agua bendita, oraciones, sufumigaciones, aplicaciones muy próximas a la práctica mágica, uso de alármega (considerada la hierba contra el diablo) constituían un cuerpo de reglas no siempre lúcidas y equilibradas. Acerca de su formulario sincretista, Di Nola puntualiza:

> En algunos de estos escritos, los límites entre doctrina exorcista de la Iglesia católica y las técnicas mágicas populares y ocultistas de medicina resultan muy inciertas, ya que los autores, preocupados por proporcionar medios terapéuticos y antidemoniacos particularmente eficaces, han recurrido a las fuentes más dispares, ajenas a la tradición canónica medieval[55].

La disciplina de la Iglesia fue recogida en el XII título del *Rituale romanorum (De exorcizandis obsessis a deamonio)* de 1614, repetido más tarde en los cánones 1151-1153 del *Códice de derecho canónico* (1917).

Estructuralmente, el *Rituale* recoge las «*Normae observandae circa exorcizandos daemonio*» (en el que se indican las reglas sobre los requisitos del exorcista, la prudencia que debe observar, las directivas para distinguir a los verdaderos poseídos de los enfermos, el tiempo y la manera para llevar a cabo los exorcismos); el «*Ritus exorcizzandi obsessos a daemonio*» (en el que figura la fórmula del «Gran exorcismo» del siglo VII) y el «*Exorcismus sin Satanam et angelos apostaticos*» (que contiene el exorcismo de Leon XIII para la invasión local).

He aquí la fórmula del *Rituale romanorum* en la edición completada y corregida por Benedicto XIV:

> A ti, te exorcizo, espíritu inmundo, ataque de todos los adversarios, de todos los fantasmas, de todas las legiones; para que en el nombre del Señor Nuestro Jesucristo tú seas arrancado y alejado de todo lo que fue creado por Dios. Él mismo te lo ordena, él, que te mandó de las alturas del cielo a los lugares más bajos de la tierra. Él mismo te lo ordena. Él, que manda sobre mares, vientos e intemperie.
> Escucha los temas, Satanás, enemigo de la fe, enemigo del género humano, portador de muerte, raptor de vida, adversario de la justicia, raíz de los males, alimento de los vicios, seductor de los hombres, traidor de las gentes, incitador de envidia, origen de avaricia, causa de la discordia, procurador de engaños: ¿Por qué estás allí y resistes, sabiendo que encontrarás en tu camino a Señor Jesucristo?
> Debes temerlo, porque él se inmoló a Isaac, se vendió esclavo a José, muerto en sacrificio, crucificado en un hombre, y triunfador del infierno.

---

[55] Di Nola, A. M., *op. cit.*, Roma, 1987, p. 297.

(A continuación, se trazan unas cruces en la frente del poseído).
Aléjate pues en el nombre del Padre, del Hijo y del Espíritu Santo. Deja tu lugar al Espíritu Santo con el signo de la santa cruz de Señor Nuestro Jesús, que vive con el Padre y con el Espíritu Santo).

El bautismo: el primer exorcismo

La unción prebautismal está acompañada por una oración que recita siempre el sacerdote, que desempeña la función del exorcista. Este es un fragmento particularmente significativo: «Dios omnipotente y eterno, tú has mandado a tu Hijo al mundo para destruir el poder de Satanás, espíritu del mal, y conducir al hombre desde las tinieblas a tu reino de luz infinita». De estas palabras se deriva la convicción, por parte del magisterio católico, de la existencia de Satanás y de su fuerza sobre la creación y sobre el hombre.

Un collar contra los demonios

En Sarsina (Italia), muchos fieles acuden al santuario de San Vicinio para ser «exorcizados» por el collar de este santo, un gran anillo de metal abierto, que según una crónica de los primeros siglos del cristianismo sirvió al santo para detener los poderes del demonio.
 Dicha crónica nos presenta esta descripción:

> Mientras se intentaba acercarlo al sepulcro del santo, el espíritu del mal resistía con tanta energía que incluso con una gran cantidad de gente fue difícil moverlo. Y mandaba ladridos de perro, gruñidos de cerdo, aterrorizaba a los presentes, intentando herirlos con mordiscos y puñetazos y, tirándose al suelo para quienes lo arrastraban, se hizo pesado como el mármol.
> Los sacerdotes [...] hacen llevar en nombre de Dios y de San Vicinio una cadena, que desde hacía tiempo había sido fabricada para ahuyentar a los demonios, y pasándola alrededor del cuello le ordenó, en nombre de Dios omnipotente y de San Vicinio, que deje de oponerse de ir al sepulcro. Al oír estas palabras, él se hace como un siervo inofensivo que, aunque de mala gana, se presenta a su amo, y llega al sepulcro sin dificultad para aquellos que lo arrastraban.

 Todavía hoy se coloca la cadena en el cuello de los poseídos, o de quienes creen estarlo, y seguidamente se les rocía con agua santa y se les protege con la «bendición de los enfermos». Estos procedimientos para muchos comportan la curación inmediata, otros en cambio necesitan más aplicaciones.

A Sarsina llegan también enfermos graves, cuyas alteraciones psíquicas, pese a no tener nada de diabólico, han devastado su equilibrio interior y físico. En muchos casos, la aplicación del collar, que puede repetirse varios días, permite aliviarles los sufrimientos eliminando muchas de las alteraciones de las que son víctimas.

Los exorcismos del pueblo

Dentro del conjunto de prácticas de la religión popular, encontramos los denominados *breves*, unas realizaciones sincréticas en las que el elemento pagano convivía con el cristiano.

Los breves eran bolsas de tela en cuyo interior había imágenes sagradas, hierbas y otros elementos simbólicos considerados protectores contra algunas enfermedades y el poder nefasto de los demonios.

Estos pequeños «contenedores de fortuna» se utilizaban casi siempre para los niños, aunque también algunos adultos los utilizaban. Para confeccionar estos amuletos, se utilizaban copias de letras pastorales, fragmentos de reliquias y tierra provenientes de algunos santuarios.

Según la tradición popular, estos objetos se fabricaban en noches de Luna llena, hecho que denota claramente la influencia de la tradición mágica de origen precristiano.

Esta práctica no es sólo prerrogativa del cristianismo, ya en la Antigüedad se utilizaban amuletos portadores de fortuna, que fueron sus antecesores.

Los romanos tenían la *bulla* y las *deraie,* una especie de collares que contenían palabras mágicas, hierbas y otros objetos considerados «mágicos», utilizados para alejar los influjos negativos y, en concreto, los efectos de la magia negra.

La tradición popular llegaba incluso a prescribir «ingredientes» en los que el predominio de lo sagrado se expresaba a través de elementos que se consideraba que estaban en relación directa con lo divino. Es emblemática la utilización de los breves, que se colgaban al cuello de quienes sufrían, después de haber sido rellenados con yeso rascado de las paredes de quioscos o frescos en donde generalmente estaba representada la Virgen.

Si el enfermo se curaba, llevaba personalmente la bolsita a los pies de la imagen de la que se había cogido su contenido. En caso contrario, el breve se enterraba junto al muerto. Normalmente, estos insólitos breves se consideraban portentosos para curar cefaleas, enfermedades del aparato digestivo y de las articulaciones.

Para alejar el poder de personas malvadas que, según una creencia bastante extendida, por medio de la magia podían causar varias patologías, los amuletos se llenaban con sal bendita, hojas de olivo bendecidas y un fragmento de red. También se atribuía fuerza curativa a los pelos de tejón, a los pedazos de estola de sacerdote, al pan bendito, a la cera de cirios robados, a los pedazos de cuerda de las campanas y al grano.

Naturalmente, la fuerza del breve dependía de la persona que lo elaboraba. En efecto, sólo algunos curanderos-magos sabían cómo realizar aquel objeto simbólico, y «cargarlo» con poderes que generaran la fuerza terapéutica necesaria para contrarrestar enfermedades e influjos mágicos negativos.

La eficacia real de estos instrumentos se expresaba, principalmente, a través de fenómenos psicosomáticos activados con la ayuda de procesos sincretistas, elaborados en el marco de modelos culturales en los que la ambivalencia de lo sagrado desempeñó un papel importante.

El santo

La historia de los santos está colmada de milagrosos casos de exorcismo llevados a cabo con métodos extraordinarios y, sobre todo, cuando el taumaturgo ya había muerto. Uno de los ejemplos más interesantes es el episodio de San Antonio Abad, una figura importante en la tradición religiosa del sur de Italia.

Nacido a mediados del siglo VI, en la región de la Campania, un ciudadano de la provincia de Salerno, que había quedado huérfano a los quince años, se hizo monje benedictino entrando en el convento de Montecassino. Una vez en el monasterio, el monje se fue rodeando de un aura milagrosa, que convirtió a Antonio en un monje excepcional. Frecuentemente, en éxtasis era tentado por el demonio, que a veces le agredía físicamente con gran violencia. El diablo ataba a Antonio a una columna del monasterio (aquella columna todavía hoy se venera como una reliquia y se conserva en la iglesia de Campania) y le azotaba con violencia hasta dejarle sin sentido. Pero el santo supo resistir siempre los ataques del mal; es más, incluso se sometía de buen grado a los sufrimientos porque creía que, de este modo, la tentación se transformaría en gracia dedicada a Dios.

Después de la invasión de los longobardos, Antonio se dedicó a la vida ermitaña con el obispo Catello en el monte Aureo, en donde tuvo ocasión de ver en repetidas ocasiones la aparición del Arcángel Miguel.

Cuando Catello fue acusado injustamente de herejía, su compañero hizo todo lo posible para demostrar su inocencia, hasta aparecer milagrosamente en sueños a San Gregorio Magno convenciéndolo de la injusticia de la que había sido víctima el obispo.

Según un documento de mediados del siglo XVII, en el que aparecen relacionados sesenta y nueve milagros de Antonio, el santo no sólo se apareció en sueños a Gregorio, sino también en carne y hueso, teniendo el extraordinario poder de la bilocación.

Al final de esta experiencia, San Antonio fue a Sorrento, en donde salvó la ciudad de una enorme ballena que sembraba el pánico entre los habitantes. Las fuentes hagiográficas cuentan dos desarrollos del episodio. La más antigua afirma que el cetáceo, después de la bendición del santo, fue capturado por los pescadores locales, con gran satisfacción de las gentes del lugar. Memorias más recientes cuentan, en cambio, que la ballena se acercó al santo como un cordero, y a partir de aquel momento se hizo mansa y se convirtió en amiga de los hombres. Quizás una metáfora del gran poder de San Antonio, que no dejó de crecer, sobre todo después de su muerte.

Los milagros post mórtem se sucedieron a menudo con resultados de tanta entidad que todavía hoy representan un indicio muy claro y sorprendente del poder divino. Por ejemplo, en 1637 un sacerdote, Andrea Di Sico, fue a Campania para ser liberado de un oscuro mal que le había consumido la vida. Durante las operaciones de exorcismo (en aquel tiempo era costumbre atar al poseído a la columna hasta que, después de retorcerse de sufrimiento, quedaba finalmente liberado del mal):

> Sacó con gran fuerza por la boca un pez de aspecto feísimo.
> Luego, el efecto se repitió: vomitó dos maleficios, uno de los cuales era como una cabeza de conejo con cuatro pinchos y una aguja que atraviesa de un lado a otro esta cabeza, y un hilo de seda negra con ciertos nudos en la punta de la cual hay atado un manojo de cabellos. Y, expulsándola con gran fuerza, también escupe medio vaso de sangre viva y un trozo de carne en forma de corazón con un pincho en el centro.

Pasados más de tres siglos, la intensidad de los exorcismos no ha ido a menos. En los años setenta hubo una mujer poseída, que después de haber sido restregada contra la columna (actualmente ya no se ata a los endemoniados), escupió una serpiente a los asistentes, entre quienes suscitó miedo y horror. La columna milagrosa continúa luchando con notable éxito contra el poder del demonio, llevando la paz a las criaturas que sufren y que se dirigen a San Antonio para encontrar una ayuda sobrenatural contra la bestia: el Señor de este mundo...

FÓRMULAS DE LA ANTIGUA GRECIA CONTRA LOS DEMONIOS

En uno de los denominados *Papiros griegos mágicos* está contenida una fórmula esotérica para alejar a los demonios que afligían al enfermo. Se creía que el estado físico del paciente tenía su origen en la presencia en el cuerpo de criaturas malvadas.

«Para quien está poseído por los demonios.
Mezcla aceite de olivas que no hayan madurado, mastuerzo y corazón de loto y, mientras se cuece junto con mejorana incolora, pronuncia: IÔÊL ÔS SARTHIÔMI EMÔRI THEÔCHIPSOÏTH SITHEMEÔCH SÔTHE IÔÊ MIMIPSÔTHIÔÔPH PHERSÔTHI AEÊIOUÔ EÔ CHARI PHTHA. Vete de (nombre del enfermo).
En una pequeña placa de estaño escribe las palabras de protección: ÏAÊÔ ABRAÔTHIÔCH PHTHA MESENPSINIAÔ PHEÔCH IAÊÔ CHARSOK, y engánchala al paciente, pues infunde terror a cualquier demonio».

El diablo moderno

En la vida actual, dominada por la tecnología y la racionalidad ¿qué lugar ocupa el diablo?

Naturalmente, desde el punto de vista metafísico y teológico ocupa su lugar de siempre y constituye una verdad de la fe, una realidad objetiva. Pero las cosas cambian si observamos la figura del demonio a través de las opiniones que nos llegan de quienes han convertido a Satanás en una presencia constante a la que dedicar cultos y ritos: un dios malvado que ha encontrado millares de adeptos en el mundo.

El satanismo, en razón de la repercusión mítica que lo caracteriza, es un fenómeno que provoca no poca inquietud en personas de todas las edades y categorías sociales. No cabe duda de que la amplificación producida por los medios de comunicación suele ser el origen de confusiones notables, hasta el punto de que se identifican erróneamente con el satanismo experiencias como la magia ceremonial, la *wicca*, las distintas corrientes de magia sexual generadas por el movimiento *crowleyano*, etc.

El mundo de la información a menudo atribuye a encuentros de carácter ritual (velas de colores, fetiches de varios tipos, signos y símbolos) una carga satánica, cuando en realidad muchos de estos objetos podrían referirse a diferentes tipos de experiencias mágicas, y quizá también a varias formas de religiosidad.

Desde su aparición en la Edad Moderna, el satanismo estuvo caracterizado por actitudes no siempre muy claras. Esta falta de claridad, como veremos, surge a menudo de corrientes antisatánicas, que han definido como demoniacas experiencias y fenómenos de origen muy distinto, aunque opuestas a las normas ideológicas y religiosas imperantes.

En los estudiosos contemporáneos existe la tendencia a situar el nacimiento del satanismo moderno en el siglo XVIII, pero este dato no tiene en cuenta el hecho de que, en el reinado de Luis XIV, en Francia, vivió una tal Catherine la Voisin que, con la colaboración de importantes personajes de la corte, dio vida a prácticas rituales que aparecen citadas por vez primera en la historia como *misas negras*. Esta denominación ha durado hasta nuestros días, muchas veces de forma generalizada e imprecisa, usándose para describir todas aquellas experiencias que se contraponen claramente con el culto cristiano.

Los rituales de Catherine la Voisin consistían en la adoración de Satanás por parte de los adeptos de su secta. Al parecer, en aquellas misas negras se sacrificaban víctimas humanas.

La mujer y algunos de sus colaboradores fueron condenados a muerte. Este acontecimiento, a diferencia de las condenas de brujas —que en la Europa de siglos anteriores habían sido numerosas—, tuvo una gran repercusión gracias, sobre todo, a las primeras formas de periodismo que en aquel periodo iban tomando cuerpo en los estados más avanzados.

Fatalmente hubo muchos imitadores, y la misa negra pasó a ser un instrumento de transgresión. Tanto es así que se convirtió en la referencia a través de la cual se podían perseguir experiencias consideradas peligrosas para el equilibrio social y político (por ejemplo, se tacharon de adeptos al diablo a muchos personajes destacados por su anticlericalismo y, naturalmente, por su pertenencia a las corrientes heréticas).

La Revolución francesa, así como el auge del espiritismo, fueron relacionados con el satanismo, con todas las consecuencias que ello podía determinar en el plano interpretativo.

Concretamente, el vínculo entre la Revolución francesa y el satanismo fue uno de los motivos recurrentes de las acusaciones vertidas contra los movimientos de innovación y la fuerte presión anticlerical que alimentó los movimientos subversivos a partir de 1789.

La misa negra acabó siendo una especie de Caballo de Troya en cuyo interior podían tener cabida interpretaciones de todo tipo, que atribuían al satanismo, según el modelo del complot, el origen de anomalías y desgracias que afectaban a la sociedad.

En cuanto al desarrollo propiamente dicho de la misa negra, no había indicaciones precisas y las pocas reconstrucciones estaban alimentadas principalmente por los rumores y las imágenes fantasiosas, que habían caracterizado las reconstrucciones de los aquelarres de las brujas.

El escritor Joris Karl Huysmans fue el primero que dio una descripción completa de misa negra en su libro *En el abismo* (1891), que se convirtió en una especie de prototipo adoptado por adeptos a Satanás.

Entre los siglos XIX y XX se constituyeron los primeros grupos organizados de adeptos a Satanás, como el «Templo de Satanás» de María de Nagloswska, que en París fue acogido con cierta tolerancia, debido a la complicidad con la prensa de la época. En aquel periodo destacó por su actividad Aleister Crowley (al que se dedica un párrafo en la página siguiente), con su inquietante búsqueda del placer y la celebración de la libertad total de todos los vínculos morales.

Otra piedra angular del satanismo moderno es la denominada *iglesia satánica*, que surgió en 1960 y que ha mantenido su fuerza originaria hasta la actualidad. En la segunda mitad del siglo XX, el eco del culto a Satanás se identificó frecuentemente con prácticas no declaradamente ligadas al oscuro universo de los demonios, pero en cualquier caso marcadas por conceptos como la violencia, la masacre y la orgía de sangre. Es el caso de las obras de Charles Manson y su grupo, la Familia, que a finales de los sesenta cometió algunos crímenes brutales en los que dominaba una alocada celebración del mal.

El misterioso Baphomet

Aleister Crowley se hizo llamar Baphomet: es el nombre de una figura misteriosa, que en los procesos contra los caballeros templarios aparece indicada como una divinidad diabólica que adoraban estos monjes militares.

Desde el punto de vista etimológico, se ha interpretado como una corrupción de Mahoma, pero se trata de hipótesis que no cuentan con el apoyo de la debida documentación histórica.

A partir de la documentación relativa al proceso francés contra los templarios, se sabe que los imputados admitieron en varias ocasiones haber adorado una esfinge cuyas características resultan muy heterogéneas y a menudo provienen de declaraciones arrancadas por medio de la tortura. El ídolo, en la interpretación de los inquisidores, fue reconstruido con una visión maléfica, que lo convertía en una representación ambigua, cargada de atributos demoniacos. Actualmente hay quien sostiene que aquella oscura esfinge en realidad era una reliquia: el cráneo de Santa Eufemia. El misterio que rodea a Baphomet sigue sin haber sido resuelto.

Sin alcanzar la apoteosis de la maldad y el homicidio, hoy en día el satanismo es una realidad, si bien cabe distinguir entre los distintos tipos y formas de ritos y cultos que tienen a Satanás por objeto.

Existe una serie de grupos oficiales, con sedes, órganos, jerarquías, publicaciones y páginas *web*, que son asociaciones conocidas y que en muchos casos se encuentran bajo control continuo de las fuerzas del orden. Sus credos y sus prácticas, aunque discutibles, están declaradas, de modo que si no infringen la ley, están consideradas experiencias mágico-religiosas que, en razón a la libertad de culto, no están reprimidas.

Existen otros grupos no oficiales, que son difíciles de catalogar y de seguir, que en la mayor parte de los casos celebran misas negras para aprovechar el componente estético, pero que en realidad no tienen unos objetivos relacionados directamente con el culto satánico, sino que actúan con espíritu transgresor. Con frecuencia, estos rituales están dominados por el componente sexual, que se convierte en el objetivo real hacia el cual se orientan dichas prácticas.

Un tercer grupo está representado por el denominado *satanismo juvenil*, muy difundido en Estados Unidos, constituido generalmente por menores que no tienen relaciones con grupos organizados y elaboran sus prácticas rituales según las influencias del cine y de los cómics de terror. Es significativa su relación con cierto tipo de música *rock* de tendencia satánica, en la que se alardea del uso de la droga (el denominado *satanismo ácido*), de la violencia y de la celebración de símbolos anticristianos. El satanismo juvenil está considerado el más peligroso, porque escapa al control y, al mismo tiempo, se constituye como una práctica en la que destaca el papel de la violencia y la utilización de sustancias estupefacientes.

En 1975, la Congregación para la doctrina de la fe, derivada de la que antaño fue el Santo Oficio, publicó un documento muy importante sobre el tema del diablo, *Fe cristiana y demonología*, que intentaba definir de forma clara, para el hombre de la calle, el papel efectivo de Satanás en la vida cotidiana.

Esta necesidad surgía del hecho de que, cada vez más a menudo, se señala la celebración de experiencias satánicas llevadas a cabo por personas de diferente extracción social y cultural, claramente opuestas a la fe cristiana.

La existencia del universo demoniaco es un hecho dogmático, pero habida cuenta de la situación en el mundo moderno, la Congregación planteó la hipótesis de revisar la imagen del diablo con el fin de desmitificarlo, es decir, eliminar aquellas características que no acatan estrictamente las *Escrituras*, que determinarían la fisonomía de los demonios y del mal en muchas prácticas satánicas contemporáneas.

En efecto, el satanismo es básicamente un fenómeno que loa la transgresión y el triunfo del pecado sobre bases sustancialmente humanas, en las que casi siempre faltan elementos reconducibles a la esfera de las religiones, en tanto que prevalece la afirmación del materialismo.

Muchos estudios del satanismo contemporáneo afirman que algunos ritos dedicados al Señor del mal requerirían sacrificios humanos, con prácticas terroríficas efectuadas en bebés y fetos. También hay quien sostiene que muchas personas desaparecidas en realidad pueden haber sido víctimas de estos grupos ocultos. Lo único cierto es que faltan datos objetivos y, por tanto, es bastante difícil proporcionar una interpretación exacta que no se estanque en la suposición y en presupuestos carentes de fundamento.

Según el profesor R. Noblet, docente en la Universidad de California del Sur, solamente en América, en 1946, funcionaban más de 10.000 congregaciones satánicas, que en 1976 pasaron a ser 48.000, y en 1985, 135.000. Actualmente, las estadísticas sitúan en más de 1.135.000 el número de adeptos a Satanás que operan en Estados Unidos[56].

Sin embargo, son cifras que no comparten todos los estudiosos, y parece razonable fijar en 5.000 el número de grupos satánicos que actúan en el mundo.

Por otro lado, hay un hecho que debe ser aclarado: por mucho que pueda ser discutible la celebración de Satanás, efectuada con ritos y cultos que a menudo están en los límites de lo *kitsch*, es evidente que no todos los adoradores del demonio son criminales. Pese a que algunas prácticas (si realmente se efectúan) están al límite de la legalidad o son ilegales (profanación de cementerios, sacrificios de animales, etc.), no debemos pensar que todos son posibles homicidas.

Si se aceptara una visión así de estos hechos, se crearía una nueva caza de brujas, con el consiguiente daño a la convivencia.

Muchas veces, la imagen que los medios de comunicación dan del satanismo es muy alarmista y en ciertos casos ambigua. Es evidente que se trata de una práctica que contrasta con los principios éticos y morales cristianos, pero al no haber límites en la libertad de culto, hasta que las prácticas no van en contra de la ley, no pueden ser impedidas.

En Estados Unidos, en donde quizás este fenómeno adquiere una magnitud mayor, se plantea la presunta peligrosidad social de grupos o sectas ligados al variado y complejo mundo de Satanás.

---

[56] BORRE, J. P., *Les sectes lucifériennes aujourd'hui*, París 1978.

Crímenes y satanismo

Muchos intérpretes del fenómeno satánico no han podido evitar la tentación de relacionar algunos delitos impunes con las congregaciones satánicas. Esta hipótesis no es nueva, aunque a menudo es muy difícil de demostrar.

Un aspecto general que debe ser tenido en su debida consideración es el hecho de que, con frecuencia, ante crímenes muy violentos, muchos tienden a vincular tales hechos con el satanismo, no tanto por la evidencia de elementos concretos ligados al culto del diablo, sino sobre todo para destacar la anomalía del crimen y acentuar su maldad.

Uno de los fenómenos que causa un mayor impacto en la opinión pública, en el mundo actual en el que priva la inmediatez de las noticias y de las comunicaciones, es el de los asesinos en serie.

Sin lugar a dudas, la relación entre satanismo y asesino en serie es difícil de argumentar con bases objetivas, porque en muchas ocasiones los asesinatos en serie parten de motivaciones carentes de justificación de carácter ritual, que podrían dar una posible explicación de dichos asesinatos.

En muchos casos, cuando el asesino dice haber obrado inducido por voces u otros estímulos sobrenaturales, su impulso resulta estar movido por la intención de actuar para extirpar el pecado, el mal, reconociéndose, en su delirio, una especie de *longa manus* de la divinidad que actúa para que triunfe el bien.

No todos los criminólogos comparten la hipótesis que tiende a situar en el ámbito de los asesinos en serie también a los *cult killer*, es decir, aquellos crímenes llevados a cabo dentro de sectas o grupos afines que se remiten a un culto específico, en los que también predomina la tradición satánica.

La secta nace allí en donde el pensamiento mágico reacciona de modo violento y exagerado a la glorificación de aspectos materiales, a la tecnología, al mito del éxito y del progreso, típicos de la cultura contemporánea. Desde un punto de vista sociológico, la secta se propone, por medio de un aparato místico y religioso, como una alternativa a la crisis de la colectividad, al aislamiento y a la pérdida de ciertos valores, que no son más que las carencias típicas de nuestra sociedad de consumo.

El asesino de Londres

Uno de los intentos más destacados llevados a cabo en esta dirección es el célebre caso de Jack el destripador.

Nunca fue posible asignar un rostro a este temido asesino en serie, que actuó en Londres entre 1887 y 1889, a pesar de los 29 inspectores, 44 sargentos y unos 546 agentes que colaboraron en las investigaciones.

El modus operandi de Jack el destripador, que desde cierto punto de vista se convirtió en su sello personal, en realidad presenta características comunes con las de otros asesinos en serie, lo cual reduce su aura mítica de héroe negativo, porque asigna a este homicida un comportamiento de desequilibrado y maniaco sexual que posteriormente se ha descrito en otros asesinos.

Jack envió cartas a la policía para reivindicar sus homicidios y anunciar otros. Sus víctimas pertenecían a una clase social bastante estandarizada, y el componente sexual era una característica dominante hasta el punto de ser tan destructora que causaba efectos terroríficos en los cadáveres. Sin duda alguna, el marco en que se ambientaron sus delitos, los bajos fondos londinenses, y las víctimas, prostitutas casi todas ancianas, son elementos que han condicionado profundamente la imagen de este asesino en serie, cuya brutalidad, a pesar de la imprecisión de las fuentes de investigación de la época, se intuye con tal nitidez que perturba al detective más bragado en delitos horrorosos y desconcierta a los psiquiatras.

Entre las muchas conjeturas realizadas, la más inquietante es la hipótesis según la cual el misterioso Destripador formaba parte de una secta satánica y sus homicidios eran rituales de muerte que habrían exigido sacrificios humanos.

Giorgio Galli, en su obra *Hitler y el nazismo mágico* nos informa de que la figura de Jack aparece contemporáneamente a la fundación, en 1887, de la orden esotérica Golden Dawn de Aleister Crowley. Efectivamente, un año después del nacimiento de esta orden esotérica se registraron en Londres varios crímenes sexuales[57].

Un «monstruo» italiano

Los crímenes imputados al llamado Monstruo de Florencia, que entre 1970 y la mitad de la década siguiente ensangrentaron la región de la Toscana (Italia), constituyen uno de los ejemplos más terroríficos de los homicidios que hoy en día denominamos asesinatos en serie.

A día de hoy, los procesos y las investigaciones han permitido identificar, dentro de un grupo de personas, a los artífices de los homicidios pero, como se sabe a través de la prensa de la época, las fases judiciales fueron muy complejas y no estuvieron exentas de golpes de efecto.

Fue sonada, por ejemplo, la inocencia concedida a Pietro Paccinai, hasta aquel momento el principal inculpado, con la consiguiente revocación de la sentencia precedente. Su muerte fue considerada por muchos un misterio, así como toda una serie de hechos inquietantes que ofrecieron un extenso material para la prensa, los escritores y los directores de cine.

Actualmente está muy difundida la tesis según la cual detrás de los delitos del Monstruo de Florencia estaba un grupo organizado, cuyas acciones tenían como fin determinadas prácticas rituales ligadas a cultos de índole satánica.

La pista satánica, después de años, continúa aflorando como posible hipótesis. En esta óptica, algunos elementos significativos fueron puestos en evidencia por quienes estaban convencidos de tener pruebas del carácter esotérico de los homicidios. Son detalles que, puestos uno junto al otro, proponen una serie de indicios simbólicos que, como mínimo, incitan a la reflexión.

---

[57] GALLI, G., *Hitler e il nazismo magico*, Milán, 1997.

Por ejemplo, los delitos fueron cometidos en noches sin Luna, y la Luna negra (Lilith) ocupa, como ya hemos tenido ocasión de ver, un lugar importante dentro de los rituales mágicos y religiosos mesopotámicos y hebraicos. Por otro lado, la hora en la que se cometieron, entre las 11 de la noche y medianoche, es un dato indicativo: el momento del día en que se deben celebrar los ritos satánicos, y más en concreto los sacrificios, es a medianoche.

Puede tener un valor simbólicamente significativo el hecho de que todas las parejas fueron asesinadas durante una relación sexual (salvo en el caso de dos chicos alemanes que fueron asesinados por error). También es inexplicable la presencia de una pequeña pirámide hallada en el lugar del tercer doble delito (¿una casualidad?). También es claramente sospechosa la práctica de extirpar partes del cuerpo femenino relacionadas con la fertilidad y la sexualidad: seno y pubis, arrebatados a los tres cadáveres, plantean algunas preguntas sobre su posible utilización.

Estos elementos, junto al modus operandi del asesino en serie, han llevado a una parte de investigadores y a muchos periodistas a plantearse la relación entre este «monstruo» y el universo de las sectas satánicas.

En el caso concreto del Monstruo de Florencia, no se excluye totalmente la posibilidad de que el asesino en serie hubiera podido actuar para procurar órganos y partes anatómicas para ser utilizadas en las prácticas consagradas al demonio, y también hay quien cree que el número de víctimas sería superior al que realmente se conoce.

Esta tesis está todavía en los informes de los investigadores y existen muchos indicios que dejarían entrever vínculos con el mundo de las misas negras. El asesino (o asesinos) prefiere actuar en noches calurosas, no actuó nunca en invierno ni en Luna llena. Siempre eligió noches sin Luna, antes o después del domingo (¿ritual o liturgia?).

La Familia de Manson

Un ejemplo emblemático, que ahora ya ha pasado a formar parte de la literatura clásica sobre el crimen, es el caso de Charles Manson.

Naturalmente, se trata de un ejemplo de manual, único en su género, en parte envuelto por un aura de misterio determinada, sin duda, también por la personalidad magnética del individuo.

La historia de Manson, sobre todo en lo que se refiere a la infancia, sigue un guión tristemente conocido: a una joven edad es víctima de la violencia, también en el seno familiar, y pronto acaba en el reformatorio, del que sale habiendo conocido los peores lados de la vida. Al volver a integrarse en la sociedad, se convierte en una especie de profeta que lidera un grupo del tipo «hijo de las flores» de finales de los años sesenta. Su grupo, llamado emblemáticamente Familia, está constituido por personas muy diferentes, que dan vida a un conjunto sincretista en el que conviven adeptos a Satanás y fieles de iglesias cristianas alternativas.

Con otros miembros de la «familia», Manson, el 8 de agosto de 1969, irrumpe en la casa del director de cine Roman Polansky (que estaba en Londres rodando una película), en donde encuentra, junto a otras personas, a su esposa Sharon Tate, embarazada de ocho meses. Todos fueron muertos. El caso, aparentemente sin motivos, se explica por la actitud represora de los miembros de la secta hacia quienes, en su opinión, eran culpables de llevar un estilo de vida que ellos consideraban inmoral.

> Los homicidios de aquella noche en Bel Air tuvieron una motivación moral. Con la muerte, Manson quería castigar la vida licenciosa y desmedida de los ricos habitantes de las colinas de Los Ángeles. En definitiva, su objetivo era el consumismo, una realidad existencial que odiaba profundamente, quizá porque inconscientemente le atraía [...]. Las acciones de Manson son, en un cierto sentido, típicas del fenómeno *cult killer*, aunque no puede decirse que estos casos sean frecuentes[58].

Es importante observar que en las sectas, el homicidio a menudo puede proyectarse hacia dentro: en la práctica, se han dado casos de suicidios en masa de miembros de un grupo que fanáticamente obedecen a su líder, sin darse cuenta de los efectos de sus acciones. En este caso, el suicidio es considerado necesario y funcional dentro de las perspectivas escatológicas de la secta.

El tema del homicidio dentro del mecanismo que regula las prácticas criminales de algunas sectas, si nos atenemos a la documentación histórica, es más complejo de lo que parece a primera vista, ya que presenta muchas caras. En la práctica, el homicidio puede ser efectuado con finalidades y motivaciones diferentes, a veces opuestas entre sí.

El satanismo indirecto

Una de las figuras que ha sido considerada de las principales inspiradoras del satanismo moderno es Aleister Crowley, un personaje inquietante y todavía rodeado de misterio.

Alexander Edward Crowley nació en Leamington, en Warwickshire el 12 de octubre de 1875. El padre, Edward, y la madre, Emily Bertha Bishop, pertenecían a una secta fundamentalista cristiana de los Plymouth Bretheren, fundada en Dublín en 1830.

Este movimiento religioso era milenario, y estaba basado en la interpretación literal de las Sagradas Escrituras. Su característica principal era un rigor moral excesivo, además de una beatería muy acentuada. Probablemente, este ambiente tan cerrado dio pie a la reacción libertina de Crowley.

La noche del 31 de diciembre de 1896, mientras viajaba a Estocolmo en tren, Crowley tiene una iluminación, y llega a la convicción de que debe dedicarse al

---

[58] BRUNO, F.-MARAZZI, M., *Inquietudine omicida. I serial killer: analisi di un fenomeno,* Roma 2000, p. 141.

estudio del ocultismo. Cambió su nombre Alexander por el de Aleister, se inició en el estudio de las artes mágicas y se dedicó a una frenética actividad sexual con personas de ambos sexos, lo cual escandalizó a la sociedad victoriana y al ambiente universitario. Una conspicua herencia de su padre le permitió dedicarse a tiempo completo a las artes ocultas. Por esto abandona Cambridge, y en 1898 se acoge a la Golden Dawn (asociación de origen masónico), tomando como mantra personal el término *Perdurabo* «Resistiré».

En la Golden Dawn, que reúne personajes eclécticos y distintos artistas como por ejemplo William Butler Yeats, Crowley realiza las primeras experiencias psicodélicas con uso de drogas, y profundiza en su estudio de las ciencias ocultas, lee las obras más importantes del saber, desde la cábala hasta las obras de Ficino, Giordano Bruno, Agrippa y muchos otros, y practica continuamente magia ceremonial.

En su búsqueda de la iluminación, Crowley viaja por casi todo el mundo. Pasa periodos en Nueva York, México, Francia, Italia, China e India, en donde intenta escalar algunos picos del Himalaya.

Fundador e ideólogo del Ordo Templi Orientis, círculo en el que se practica la magia sexual, en 1902 Crowley organiza una expedición al Chogo Ri (K 2), en el Himalaya, y pasa, él solo, sesenta y cinco días en el glaciar de Baltoro; finalmente se va de la India y se traslada a Egipto.

El 12 de agosto de 1903 contrae matrimonio con Rose Kelly, que le acompañó, en noviembre del mismo año, a Egipto. En Giza transcurrió, en compañía de su mujer, toda una noche en la Cámara del rey de la pirámide de Keops, con el fin de invocar al dios Thot.

De Egipto, los Crowley van a Ceylán, en donde usan los nombres de Príncipe y Princesa Chioa Chan. Allí, Rose descubrió que estaba embarazada y simultáneamente que poseía extraños poderes, en un estado alterado de conciencia, anuncia a su marido que Horus le espera. Crowley, que no sabe quién es Horus, va con Rose al Boulak Museum, en donde ve el obelisco funerario del sacerdote Ankh-af-na-Khonsu, retratado mientras adora al dios Horus. A esta columna, cuyo número de catálogo asignado por el museo es el 666 (el número del Anticristo, según el Apocalipsis), le pone el nombre de Obelisco de la revelación.

En abril de este mismo año, Crowley entra en comunicación mediúmnica con una inteligencia superior, a la que llamó Aiwass, uno de los maestros secretos. Esta entidad le dicta, en inglés, el *Liber al vel legis* o *Texto Sagrado de la ley de Thelema*. El libro expone el credo de Crowley, en cuya base está el precepto: «Haz lo que quieras». En el texto también se habla de una era futura en la que el hombre finalmente se dará cuenta de los poderes que posee y se convertirá en dios.

Es fácil entender que su conducta y sus doctrinas hicieron que Crowley fuera considerado por muchos una especie de adorador de Satanás, un defensor del pecado como norma de vida. En realidad, aunque con comportamientos y prácticas en algunos casos discutibles, Crowley fue sobre todo un investigador del ocultismo que actuó en clara contraposición con el cristianismo.

El escándalo le persigue toda la vida y no solamente por sus perversiones sexuales, sino sobre todo por el uso excesivo de drogas como la mescalina, el alucinógeno que usaba para alcanzar el éxtasis.

En el año 1912, Crowley es elegido jefe de la sección británica del Ordo Templi Orientis, y asume el título de Supremo y Santo Rey de Irlanda, Iona y todas las Britanias, que son el santuario de la Gnosis, con el nombre mágico de Baphomet.

En 1913, Crowley forma una compañía teatral llamada The Ragged Rag-time Girls, dirigida por Leila Waddel, que debuta con éxito en el Old Tivoli. En verano, el grupo viaja a Moscú, en donde se enamora de una joven húngara, Anny Ringler.

Estalla la segunda guerra mundial y Crowley huye a Estados Unidos. Se instala en el n.º 40 de la 36.ª Avenida oeste de Nueva York, en donde realiza rituales de magia sexual con Soror Hilarion, alias Jane Foster, con el objetivo de engendrar un *hijo mágico*. También debemos recordar que Crowley realiza una larga serie de operaciones de magia sexual con varias Mujeres escarlatas, entre las cuales figura Leah Hirsig, que fue a vivir con él.

La *mujer escarlata* como madre de las prostitutas es un término referido en el Apocalipsis y que, según Crowley, representa la sacerdotisa ideal con la que practicar magia sexual.

Uno de los ritos más perturbadores del que se tiene constancia hace referencia a la cópula de su compañera Leah, arrodillada, con un chivo, símbolo de Pan, de Príapo y de Capricornio. En el momento del orgasmo, el animal era sacrificado con un corte limpio en la garganta. No es de extrañar que muchos de sus discípulos no resistieran la tensión psicológica a la que les sometía el «maestro» e intentaran suicidarse o enloquecieran.

Mientras, la prensa continúa interesándose por Crowley hasta que, en 1923, el Sunday Express denuncia en un artículo los horrores llevados a cabo por él y sus secuaces, lo cual dio inicio a lo que fue una auténtica caza de brujas. En aquel mismo año Crowley es expulsado de Italia por el gobierno fascista. De hecho, Mussolini, desconcertado por las revelaciones de los periódicos, no desea en suelo italiano a un personaje tan contrario a los principios morales fascistas: Dios, Patria y Familia.

Crowley prosigue su peregrinaje, perseguido por su mala fama; muere en Hastings, en diciembre de 1947, a causa de una bronquitis y una degeneración de miocardio debida a los excesos de alcohol y sustancias estupefacientes. Cinco días después tiene lugar en el Brighton Crematorium el último ritual, la cremación de su cuerpo.

El Ordo Templi Orientis todavía existe y cuenta con numerosos adeptos. Según su filosofía, no existe ni Dios ni Satanás, por lo menos tal y como los entiende la religión cristiana.

Por esa razón no se puede afirmar que Crowley fuera un seguidor de Satanás en el sentido puro de la palabra. Su principio moral fue: «Haz lo que quieras, será toda la Ley».

Crowley se definía como el Maestro Therion (en griego *therion* significa «bestia»), y afirmaba ser la Bestia del Apocalipsis, el Anticristo que debía destruir el cristianismo.

Y ciertamente, en sus obras no faltan elementos que induzcan a ver en ellas la zarpa del diablo.

El inquietante Marilyn Manson

Seudónimo de Brain Warner, Marilyn Manson es quizá la estrella de *rock* que ha dado más que hablar, no por su música, sino más bien por su comportamiento y por el contenido de sus canciones. Nacido en Ohio en 1969, Manson está considerado un *maestro malvado*, hasta el punto de que sus conciertos son objeto de importantes polémicas entre fuerzas políticas y sociales en determinados países.

Este inquietante personaje ha sabido crear a su alrededor una indefinible aura de misterio: sus maquillajes, la ambigüedad sobre su definición sexual y las connotaciones demoniacas que rodean su actividad musical han convertido a Manson en una estrella del *rock* problemática, por llamarle de algún modo. Cuenta con un público joven cada vez más numeroso y los artículos, los libros y las páginas *web* dedicadas a este singular artista van en aumento.

Su seudónimo deriva de la unión del nombre de la célebre actriz Marilyn Monroe (1926-1962), *sex symbol* indiscutible, y del apellido de Charles Manson (1943), inspirador de la matanza de la que ya hemos hablado en este capítulo.

Se dice que Marilyn Manson pertenece a la Iglesia de Satanás, pero el cantante niega categóricamente tal vínculo y afirma que Satanás no existe.

Pero el hecho es que este personaje, recuperando los atributos y los símbolos que en el imaginario colectivo contribuyen a formar la figura del diablo, se sirve de una representación sugestiva fuertemente satánica. Música, violencia, droga y sexo se mezclan en un lenguaje grotesco y transgresor orientados a la celebración de modelos claramente poco educativos.

Según Massimo Introvigne, estudioso de problemas relacionados con la *nueva religiosidad* contemporánea, el fenómeno Marilyn Manson forma parte de la variada subcultura que él define con el término de satanismo juvenil: «En un mundo en donde el sexo y la palabra soez ya no escandalizan [...] quizá Satanás es lo único que queda realmente provocador»[59].

La secta de los luciferinos, aunque el diablo no tiene nada que ver...

La corriente de los luciferinos surgió en Occidente a finales del siglo IV siguiendo la figura de obispo de Cagliari Lucifer, acérrimo enemigo del arrianismo.

Lucifer, que había sufrido numerosas reacciones por parte de los arrianos, hasta que fue condenado al exilio, manifestó una actitud muy intransigente con quienes habían abandonado la fe arriana para convertirse al cristianismo. Su posición y la de sus fieles era claramente contraria al ingreso en el seno de los arrianos convertidos. Se conserva documentación sobre los Luciferinos en Cerdeña, España, Alemania y Palestina. De todos modos, la corriente tuvo poca repercusión, y todo parece indicar que a mediados del siglo V este grupo ya no estaba en activo.

---

[59] INTROVIGNE, M., *Indagine sul satanismo. Satanisti e anti-satanisti dal Seicento ai nostri giorni,* Milán, 1994, p. 362.

BIBLIOGRAFÍA

AA. VV., *Angeli e diavoli,* Brescia, 1972.
AA. VV., *Diables et diableries,* Ginebra, 1977.
AA. VV., *Le diable au moyen âge,* París, 1979.
AA. VV., *La stregoneria in Europa (1450-1650),* Bolonia, 1975.
AA. VV., *Satana,* Milán, 1954.
ABBIATTI, S., A. AGNOLETTO y M. R. LAZZATI, *La stregoneria. Diaboli, streghe, inquisitori dal Trecento al Settecento*, Milán, 1984.
AGOSTINO, *De diversis quaestionibus.*
ALLEGRI, R., *Cronista all'inferno*, Milán, 1990.
ALONSO SHOECKEL L. y J. L. SICRE DÍAZ, *Il libro de Giobbe*, Roma, 1976.
AMBROGIO, *De Isaac et anima.*
AMORTH, G., *Esorcisti e psichiatri*, Roma, 1996.
—, *Un esorcista racconta*, Roma, 1990.
ANDREAOLI, V., *Demonologia e schizofrenia*, Milán, 1974.
ARISTÓTELES, *Metafísica.*
ARRIGHINI, P., *Gli angeli buoni e cattivi*, Turín-Roma, 1937.
ATANASIO, *Oratio contra gentes.*
BALDUCCI, C., *Gli indemoniati*, Roma, 1959.
—, *Il diavolo*, Casale Monferrato, 1990.
—, *La possessione diabolica*, Roma, 1974.
BALTRUSAITIS, J., *Il medioevo fantastico*, Milán, 1973.
BARBANO, F., *Diavolo, diavoli. Torino e altrove*, Milán, 1988.
BASILIO, *Omelie sull'hexalmèron.*
BASKIN, W., *Dictionary of satanism*, Nueva York, 1972.
BECCARIA, G. L., *I nomi del mondo. Santi, demonio, folletti e le parole perdute*, Turín, 1995.
BENOIST, R., *Traité enseignant en bref les causes des malefices*, 1579.
BERDIAEFF, N., *Spirito e libertà*, Milán, 1947.
BERTI, G., *I mondi ultraterreni*, Milán, 1998.
BINSFELD, P., *Tractatus de confessionibus maleficorum et sagarum*, 1596.
BIZOUARD, J., *Des rapports del'homme avec le démon*, París, 1863.
BLESS, H., *Manuale di psichiatria pastorale*, Turín, 1950.

BODIN, J., *De la démonomanie des sorciers*, París, 1579.
BONOMO, G., *Caccia alle streghe*, Palermo, 1959.
BORTONE, E., *Satana*, Roma, 1978.
BOUGET, H., *Discours des sorciers avec six avis en faict de sorcellerie*, Lyon, 1610.
BOURRE, J. P., *Les sectes lucifériennes aujourd'hui*, París, 1978.
BOZZANO, E., *Dei fenomeni di ossessione e possessione*, Roma, 1926.
CALDWELL, T., *Dialogues with the Devil*, Nueva York, 1967.
CAMBY, P., *La mistica dell'eros*, Génova, 1994.
CANALE, F., *Del modo di conoscere et sanare i maleficiati*, Brescia, 1622.
CANZIO, D., *Il diavolo*, Milán, 1969.
CARDINI, F., *Magia, streghoneria, superstizioni nell'Occidente medievale*, Florencia, 1979.
CARDUCCI, G., *Satana e polemiche sataniche*, Bolonia, 1879.
CARPI, P., *Il diavolo,* Milán, 1988.
CAVENDISH, R., *La magia nera,* Roma, 1972.
CENTINI, M., *Le streghe nel mondo,* Milán, 2002.
CERONETTI, G., *Il libro di Giobbe,* Milán, 1985.
CLAVEL, M., *Deux siècles chez Lucifer*, París, 1978.
CLÈBERT, J. P., *Animali fantastici*, Milán, 1990.
CLIMATI, C., *Inchiesta sul rock satanico*, Casale Monferrato, 1996.
COCCHIARA, G., *Il diavolo nella tradizione popolare italiana. Studi e ricerche*, Palermo, 1945.
COLLEYE, H., *Histoire du diable*, Bruselas, 1946.
CORSINI, E., *Apocalisse, prima e dopo*, Turín, 1980.
—, a cargo de COSTA, E., *L'autunno del diavolo*, Milán, 1990.
CORTÈ, N., *Satana, l'avversario*, Catania, 1957.
COSTA, D., *Il diavolo*, Alba 1936.
CRISTIANI, L., *Prèsence da Satan dans le monde moderne*, París, 1959.
—, *Satan, l'adversaire*, París, 1956.
CUMANO, C. y BARRA, G., *Satana*, Milán, 1954.
DE FARA, L., *Il diavolo, sì perché*, Padua, 1986.
DE GIVRY, G., *Il tesoro delle scienze occulte*, Milán, 1988.
DE LA BIGNE, M., *Satan dans la cité*, París, 1951.
DE PLANCY, J. A. S., *Dizionario infernale*, 1818.
DE TONQUÉDEC, J., *Les maladies nerveuses ou mentales et les manifestations diaboliques*, París, 1938.
DEL FANTE, R., *Catena d'amore contro Satana,* Milán, 1980.
DELEMEAU, J., *La paura in Occidente (secoli XIV-XVIII)*, Turín, 1975.
DEVEREAUX, G., *Saggi di etnopsichiatria generale*, Roma, 1978.
DHORME, E., *Le livre de Job*, París, 1926.
DI NOLA, A., *Il diavolo*, Roma, 1987.
DODERR, H., *The Demons*, Nueva York, 1961.
DOINEL, J., *Lucifer démasqué*, París, 1895.
EBON, M., *Le forze del male fuori e dentro l'uomo*, Milán, 1976.
ELIADE, M., *Occultismo, stregoneria e mode culturali*, Florencia.
—, *Storia delle credenze e delle idee religiose*, Florencia, 1980.
—, *Trattato di storia delle religioni*, Turín, 1976.

ELIOT, G., *Lucifer*, Londres, 1978.
EPSTEIN, J., *Le cinéma du diable*, París, 1947.
FEDRIZZI, P., *Giobbe*, Turín, 1972.
FRANCE, A., *La révolte des Anges*, París, 1913.
FROSSARD, A., *35 prove che il diavolo esiste*, Turín, 1978.
GALLI, G., *Hitler e il nazismo magico*, Milán, 1997.
GARÇON, M. y J. VINCHON, *Le diable*, París, 1926.
GINZBURG, C., *Storia notturna. Una decifrazione del sabba*, Turín, 1989.
GOETZ, D. H., *Satan, l'ennemi de l'homme*, Tours, 1958.
GORRES, A. y K. RAHNER, *Il male*, Turín, 1986.
GORRESIO, V., *Il papa e il diavolo*, Milán, 1973.
GRAF, A., *Il diavolo*, Roma, 1980.
GUALANDI, D., *Giobbe,* Roma, 1976.
GUIRDHAM, A., *L'ossessione diabolica*, Roma, 1974.
HAAG, H., *La liquidazione del diavolo?*, Brescia, 1973.
—, *La credenza nel diavolo*, Milán, 1976.
HEERS, J., *Le feste dei folli*, Nápoles, 1990.
HUIZINGA, J., *L'autunno del medioevo*, Haarlem, 1919.
IEDIN, H., *Storia del Concilio di Trento*, Brescia, 1962.
INTROVIGNE, M., *Indagine sul satanismo. Satana e antisatanismo del Seicento ai nostri giorni*, Milán, 1994.
JOURNET, C., *Il Male*, Turín, 1963.
JUNG, C. G., *Risposta a Giobbe*, Milán, 1968.
KALLAS, J., *Jesus and the power of Satan*, Filadelpia, 1968.
KELLY, H.A., *La morte di Satana*, Milán, 1969.
—, *Les diables et ses démons*, París, 1977.
LA VEY, A. S., *The satanic Bible*, Nueva York, 1969.
LANGTON, E., *La démonologie,* París, 1951.
LARCHER, C., *Le livre de Job*, París, 1957.
LECANU, A. F., *Histoire de Satan*, París, 1861.
LE GOFF, J., a cargo de SCHMIT, J. C., *Le charivari*, París, 1981.
LORES ARROYUELO, F., *El diablo y los españoles*, Murcia, 1976.
LUCKEN, L.U., *Antichrist and the prophets of Antichrist in the chester cycle*, Washington, 1940.
LUZZATTO, A. y M. TREVI, *Il libro di Giobbe*, Milán, 1991.
MALE, E., *L'art religieux au XII siècle*, París, 1956.
MARITAIN, J., *Dieu et la permission du mal*, París, 1964.
MAUSS, M., *Teoria generale della magia e altri saggi*, Roma, 1977.
MILINGO, E., *Contro Satana*, Trento, 1989.
MILNER, M., *Satana e il romanticismo*, Turín, 2000.
MINOIS, G., *Histoire de l'enfer*, París, 1994.
MORGHEN, R., *Medioevo cristiano,* Bari, 1970.
NANGERONI, A., *Il diavolo*, Milán, 1996.
NICOLL, A., *Lo spazio scenico, Storia dell'arte teatrale*, Roma.
PAPINI, G., *Il diavolo*, Florencia, 1953.
PETERSDORFF, E., *Demonologia*, Milán, 1995.

PETROCCHINI, M., *Esorcismi e magia nell'Italia del cinquecento e del seicento*, Nápoles, 1957.
PLOTINO, *De providentia.*
—, *De la esencia y del origen del mal.*
PRAZ, M., *La carne, la morte e il diavolo*, Florencia, 1976.
PUNTER, D., *Storia della letteratura del terrore*, Roma, 2000.
RADIN, P., C. G. JUNG y K. KERENYI, *Il divino briccone*, Milán, 1965.
RAVASI, G., *Giobbe*, Roma, 1979.
ROSSI, P., *Carmina burana,* Milán, 1989.
ROUGEMENT, P., *La part du diable*, París, 1942.
RUDWIN, M., *Les écrivains diaboliques de France*, París, 1937.
—, *Romanticisme e satanisme*, París, 1927.
—, *The devil in legend and literature*, Chicago, 1931.
RUSSEL, J. B., *Il diavolo e l'inferno tra il primo e il quinto secolo*, Milán, 1986.
—, *Il diavolo nel medioevo*, Milán, 1990.
—, *Il diavolo nel Medio Evo,* Roma-Bari, 1987.
—, *Il diavolo nel mondo antico*, Roma-Bari, 1989.
—, *Il diavolo nel mondo moderno*, Bari, 1988.
—, *Il principe delle tenebre*, Bari, 1990.
SARTRE, J. P., *Le diable et le bon Dieu*, París, 1951.
SCHMITT, J. C., *Medioevo superstizioso*, Bari, 1992.
—, *Religione, folclore e società nell'Occidente medievale*, Bari, 1988.
SCHWARZ, I. y W. H., BIEDERMANN, *Il libro dei segni e dei simboli*, Catania, 1993.
SELIGMANN, B., *Lo specchio della magia*, Roma, 1965.
STEINMANN, J., *Le livre de Job*, París, 1955.
SUMMERS, M., *Storia della stregoneria e della demonologia*, Londres, 1926.
TASSINARIO, A. C., *Il diavolo secondo l'insegnamento recente della Chiesa*, Roma, 1984.
TASSO, B., *Incontri con Satana*, Milán, 1961.
TAVARD, G., *Satan*, París, 1988.
TERRIEN, S., *Job*, París, 1963.
TOMMASO, *Contra gentiles.*
—, *Il male.*
—, *Summa teologica..*
TRONCARELLI, F., *Le streghe*, Roma, 1983.
TURE-SINAI, N. H., *The book of job. A new commentary*, Jerusalén, 1967.
TUROLDO, D. M., *Il diavolo sul pinnacolo*, Turín, 1988.
URTUBEY, L., *Freud e il diavolo*, Roma, 1984.
VECCHI, A., *Intervista col diavolo*, Modena, 1954.
VERDUN, P., *Le diable dans la vie des saints*, París, 1896.
VILLENEUVE, R., *La beauté du diable*, París, 1983.
VIRGULIN, S., *Giobbe*, Cinisello Bálsamo, 1989.
VORGRIMLER, H., *Storia dell'inferno*, Casale Monferrato, 1995.
WALLERSTEIN, J. S., *The Demon's Mirror*, Nueva York, 1951.
WEISER, A., *Il libro di Giobbe*, Brescia, 1975.

ÍNDICE

Introducción	3
El mito de la caída	5
Los ángeles malvados	9
El diablo como símbolo del mal	12
El sufrimiento del inocente	12
Las dos caras del mal	14
¿Dios permite el mal?	19
La historia del diablo	22
Sumerios y asirio-babilonios	22
Lilith: el demonio nocturno	25
Egipcios	25
Celtas	28
Islámicos	30
Hinduistas y budistas	32
La tradición judeocristiana	34
La obra destructora de Belial	35
La Lilith judaica	37
El nombre del mal toma cuerpo	40
El mensaje simbólico del Apocalipsis	43
El diablo de la selva	44
La isla de los herreros	45
El diablo, el desierto, la tentación	48
Jesucristo y el diablo	51
La corona de Lucifer y la sangre de Cristo	51
Jesús victorioso	52
El papa	54
El Nuevo Catecismo	56
El exorcismo de los discípulos de Jesucristo	57

El Anticristo...................................... 58
El Apocalipsis de Juan...................... 60
   La batalla final 67
666: el número del Anticristo 69

Las mil caras del diablo 72
El gran enemigo........................... 74
Baalzebub, Señor de las moscas............. 75
Jerarquías infernales 77

El bestiario diabólico........................ 88
La serpiente astuta 88
   La serpiente aplastada: ¿un error teológico? ... 93
Animales diabólicos 93
El diablo blanco........................... 94
El temible chacal 95
El gran dragón Illuyankas................... 96

El diablo en el arte 97
Lucifer entra en la iglesia 99
El Bosco y sus demonios 105
San Miguel, inspirador de artistas 109

El diablo imaginado en la filosofía y la literatura 111
Las disputas filosóficas 111
Las representaciones en la literatura romántica...... 113
Milton: la gran pérdida 118
Carducci: Satanás el rebelde................. 119
Diablo y modelos literarios.................. 123
   Los proverbios infernales de William Blake 123
   La muerte de Satanás según Víctor Hugo 124
   Hermes Trimegisto... el diablo 124
   Satanás-Plutón 124
   Fausto y la tentación..................... 124
   Don Juan 127
   El Lucifer de Dante 127

La música satánica 128
Músicos y demonios 130
Los *Carmina burana* 131
El caso Paganini 135
Hard rock 137

La tradición popular 141
Usos idiomáticos 147
   El diablo sin fronteras.................... 148

Los lugares del diablo 148
Los sobrenombres del diablo 151
El diablo y las mujeres. 153
El diablo y el sacerdote 153
El *Romance de Fauvel* 155
Historias de diablos... 161
    El diablo burlón. 162
    El diablo cojuelo 162
    La abuela del diablo. 162
    El diablo y los peregrinos. 163
    El idioma que el diablo no aprendió 163

Exorcistas, endemoniados y la psique 164
Las actividades maléficas 165
Las características del exorcismo 166
    El bautismo: el primer exorcismo 170
    Un collar contra los demonios 170
    Los exorcismos del pueblo. 171
    El santo 172

El diablo moderno. 174
Crímenes y satanismo 178
    El asesino de Londres. 178
    Un «monstruo» italiano 179
    La Familia de Manson 180
    El satanismo indirecto. 181
    El inquietante Marilyn Manson. 184

Bibliografía 185

www.ingramcontent.com/pod-product-compliance
Lightning Source LLC
Chambersburg PA
CBHW080441170426
43195CB00017B/2847